VIDA ANTES DA VIDA

Título do original norte-americano:
Coming from the light

Vida antes da vida

Direção editorial: **Flávio Machado**
Assistente editorial: **Dirce Yukie Yamamoto**
Tradução: **Yma Vick**
Chefe de arte: **Marcio da Silva Barreto**
Capa e projeto gráfico: **Ricardo Brito**
Imagens da capa: **Veronika Vasilyuk / Dreamstime.com (céu)**
The Master Collection / Stockbyte (bebê)
Imagens do miolo: **Stock.xchng**
Revisão: **Maria Aiko Nishijima**
Fotolito da capa: **SERMOGRAF**

Dados Internacionais de Catalogação na Publicação (CIP)
(Câmara Brasileira do Livro, SP, Brasil)

Hinze, Sarah.
Vida antes da vida : antes de nascer eles conversaram com seus pais! / Sarah Hinze ; [tradutora Yma Vick]. – São Paulo : Butterfly Editora, 2009.

Título original: Coming from the light.
ISBN 978-85-88477-82-7

1. Memórias nas crianças – Miscelânea – Estudos de caso 2. Pré-existência 3. Reencarnação – Estudos de caso I. Título.

09-01490 CDD: 133.90135

Índice para catálogo sistemático:
1. Reencarnação : Lembranças : Espiritismo 133.90135

Butterfly Editora Ltda.
Rua Atuaí, 383 – Sala 5
Vila Esperança/Penha
CEP 03646-000 – São Paulo – SP
Fone: (0xx11) 2684-9392
www.flyed.com.br | flyed@flyed.com.br

Impresso no Brasil, no inverno de 2009 pela:
SERMOGRAF – Artes Gráficas e Editora Ltda.

2-8-09-2.000-4.000

VIDA ANTES DA VIDA

Antes de nascer eles conversaram com seus pais!

Sarah Hinze

Tradução
YMA VICK

BUTTERFLY EDITORA

São Paulo – 2009

Dedicatória

Antes que te formasses no ventre, eu já te conhecia; antes de teu nascimento, eu já te havia consagrado.

JEREMIAS, 1: 5

DEDICO este trabalho às crianças do reino dos Céus que aguardam para nascer neste mundo, e ao despertar da grande criança interior em cada um de nós.

Agradecimentos

À FONTE de luz e a Jesus Cristo por sua divina inspiração.

A todos os que compartilharam comigo suas experiências, me enviaram comentários e histórias, agradeço de todo coração. Graças a vocês, mais pessoas poderão saber mais sobre a luz e sobre a origem de todos os seres.

A meu marido Brent por seu amor, sacrifícios e dedicado trabalho editorial. Seu respeito e sua ajuda foram primordiais para que este livro pudesse ser publicado.

A nossos filhos Krista, Laura, Rodney, Tadd, Sarah, Matthew, Samuel, Rachel e Anna, que nos ensinaram tanto sobre a luz ao vir para o nosso lar.

A nossos filhos adotivos e a todos os amigos que nos deram incentivo e apoio e torceram por nós durante o trabalho de organizar o material, expressamos nossa mais profunda gratidão.

A meus pais por seu amor, ainda que emanado "do outro lado da vida".

Agradeço ao doutor Eugene Seaich por sua amizade e por partilhar conosco seu profundo conhecimento sobre as *Escrituras* com toda a dedicação.

A Paul Perry, à doutora Elisabeth Kübler-Ross e ao doutor Kenneth Ring. Seu apoio e incentivo foram de grande ajuda.

Sumário

Prólogo

De Paul Perry
Co-autor de *Closer to the light* [*Próximo da luz*],
Transformed by the light [*Transformados pela luz*] e
Saved by the light [*Salvos pela luz*]

TRABALHO há quase dez anos com pesquisas em um ramo da psicologia que estuda experiências de quase-morte. Trata-se de uma área realmente interessante por vários motivos, inclusive porque é um assunto extremamente controverso.

As pesquisas são desenvolvidas com base em estudo de casos de pessoas que estiveram prestes a morrer. A maioria descreve experiências impressionantes e classifica-as como as mais intensas e gratificantes de sua vida. Os fenômenos incluem a sensação de estar deixando o corpo, de entrar em um túnel de luz, de ver seres de luz de grande beleza (e também pessoas de sua família já falecidas), de rever todos os fatos de sua vida, de ver um ser de intensa luz e energia (que muitas descrevem como sendo Deus) e então de retornar ao corpo.

Todas as pessoas sofrem uma transformação radical ao passar por esse tipo de experiência, tornam-se mais generosas, carinhosas, demonstram mais entusiasmo pela vida e algumas passam a ter habilidades extra-sensoriais.

Até há pouco tempo os médicos negavam a existência de experiências de quase-morte. Afirmavam que se tratava de sonho ou de imaginação. Muitas vezes declaravam que o paciente estava sofrendo de distúrbios mentais.

Por sorte, as coisas estão mudando. Hoje, graças ao estudo das experiências de quase-morte (EQM), a medicina reconhece a existência delas. Muitos médicos aceitam o fato de que elas ocorrem com seus pacientes.

Mas as EQMs ainda geram controvérsia. São realmente prova da existência da vida depois da morte ou apenas sonhos? Mostram que o espírito pode sair do corpo ou que se trata apenas de um fenômeno psicológico chamado dissociação?

São muitas as perguntas e ninguém tem, ao certo, resposta para elas. Um dia recebi um telefonema de uma mulher chamada Sarah Hinze. Ela me perguntou algo em que eu jamais havia pensado: "As pessoas em seus estudos de caso costumam ver espíritos que estão esperando para nascer?"

"Não", foi minha resposta. Mas fiquei de verificar. Para minha surpresa, várias pessoas haviam mencionado o fato.

Em um dos casos, um trabalhador de uma mina de petróleo no Texas descreveu uma experiência de quase-morte que teve aos 15 anos de idade. Morava na Costa do Golfo na época e passava todo o seu tempo livre nas praias e pantanais da região.

Um dia, enquanto caminhava em um pântano, pisou em uma poça mais profunda, caiu, bateu a cabeça em uma pedra e ficou inconsciente. Um amigo que estava com ele foi buscar ajuda e a conseguiu algum tempo depois (ainda bem, pois do contrário ele não estaria vivo para me contar a história). Seu corpo afundou e ele ficou submerso por alguns instantes:

"Lembro-me da pancada e depois de uma sensação de vazio. Mas de repente me vi subindo por um túnel brilhante e colorido como uma fantasia de carnaval. E no fim dele havia um lugar que parecia o paraíso, cheio de montanhas e de árvores, porém diferentes das que temos aqui. Eram todas iluminadas e brilhantes. Havia também um homem muito grande e alto, mas não consegui ver seu rosto, porque ele emitia muita luz. No entanto, ouvi sua voz e senti que se tratava de alguém muito bondoso.

Ele disse que eu teria de voltar para cá. Fiquei contente ao saber disso, mas não voltei imediatamente. Comecei a andar pelas montanhas. Era como se estivesse caminhando na Lua.

A cada passo que dava, avançava uns 50 metros. Logo adiante encontrei um grupo de jovens da minha idade.

O homem, que me acompanhava o tempo todo, disse-me para aproveitar e brincar um pouco, mas que eu voltaria antes daquelas crianças.

– *Como assim?* – perguntei.

– *Estas são crianças que ainda não estiveram na Terra* – ele respondeu."

O homem não sabia ao certo como interpretar a mensagem. Será que aquelas crianças iriam reencarnar? Ou eram novos espíritos esperando para vir à Terra? Quarenta anos depois do acidente no pântano, e de ter a experiência de quase-morte, ele ainda se perguntava quem poderiam ser aquelas crianças que vira no mundo espiritual.

Outros estudos de caso que avaliei têm histórias semelhantes às que são apresentadas neste livro. Uma mulher me contou que quase morreu e foi a um "lugar espiritual". Lá viu sua filha pequena, que havia morrido anos antes, com outras crianças da mesma idade. E afirma ter certeza de que se tratava de "pessoas esperando para nascer".

E muitas outras pessoas fizeram observações semelhantes. Uma garotinha de sete anos chamada Jamie, mencionada em um dos casos do livro *Transformed by the light* [*Transformados pela luz*], que escrevi juntamente com o doutor Melvin Morse, teve uma experiência de quase-morte e foi realmente declarada morta pelos médicos. Ela sentiu sua consciência deixar o corpo e viu os médicos e enfermeiros ao redor da maca:

– De repente, ficou tudo escuro e fiquei com medo – ela disse. – Comecei a flutuar e de repente estava no paraíso. Havia um grande arco-íris e várias pessoas esperando para nascer.

Uma das experiências de quase-morte mais detalhadas que já ouvi foi a de um homem chamado Dannion Brinkley, da Carolina do Sul, que teve o azar de sofrer um grande choque elétrico em virtude de um raio quando falava ao telefone. Enquanto os paramédicos tentavam fazer seu coração voltar a bater, ele teve uma aventura espiritual e foi parar em uma "cidade de cristal" onde encontrou muitos seres de luz. Conversou com um deles, que lhe disse ser necessário ter muita coragem para deixar o mundo espiritual e renascer como mortal.

– *Humanos são seres espirituais muito poderosos* – comentou o ser de luz. – *Por isso recebem a missão de fazer com que a vontade de Deus se torne realidade.*

Desse modo, a crença em existência antes da vida não é novidade. Os gregos antigos, por exemplo, já falavam da imortalidade do espírito e da condição pré-mortal dos homens. Na obra *Fédon*, Platão responde a Sócrates dizendo:

– Sua doutrina favorita afirma que o conhecimento é mera recordação, o que necessariamente implica termos aprendido algo em épocas anteriores, de que hoje simplesmente nos lembramos. Mas isso seria impossível a menos que nossa alma tenha estado em outro lugar antes de existir na forma de homem; o que seria outra prova da imortalidade da alma.

Muitas evidências sugerem que a crença em uma existência pré-mortal já era abertamente discutida nos primórdios da Igreja cristã. Santo Agostinho mencionou a condição pré-mortal ao escrever: "Quando raciocinamos, é a mente quem opera (...) pois o pensamento é eterno e nada que pertence ao corpo é eterno (...) Como conseqüência, a mente humana vive eternamente". Nenhum estudioso cristão descreveu de maneira mais clara a existência pré-mortal que Orígenes, de Alexandria, teólogo que gerou grande controvérsia na Igreja do século 3º com sua crença de que todos temos algum tipo de consciência antes de vir à Terra. Sua tese, conforme suas palavras, baseava-se na hipótese da existência de um estado pré-mortal:

"Acreditamos que ele tenha sido escolhido por Deus devido aos méritos que acumulou antes de sua vida".

As teorias de Orígenes foram rechaçadas pelos críticos, que consideravam sua linha de pensamento demasiadamente influenciada pela cultura grega. Em 543 d.C., o imperador romano Justiniano convenceu o papa a reunir o conselho para rejeitar formalmente os ensinamentos de Orígenes. Desde então o conceito de existência pré-mortal deixou de ser divulgado. Como resultado, as principais religiões passaram a condená-lo ou a simplesmente ignorá-lo.

No entanto, um grande número de pessoas continua a ter visões com pessoas que aguardam para nascer, independentemente da doutrina religiosa oficial. É desse tipo de visão que este livro trata.

Honestamente, não sei ao certo o que concluir desses estudos de caso que Sarah Hinze reuniu. Serão uma prova da existência pré-mortal? Ou da capacidade do cérebro humano de encontrar felicidade numa fantasia de que somos seres imortais? Não tenho a resposta. A única coisa que sei é que, ao ler esses casos, qualquer pessoa que se interesse pelo assunto encontrará uma excelente fonte de informações para tirar suas próprias conclusões.

Sob qualquer perspectiva que se avalie, a mensagem contida nestas histórias é intrigante e de inegável cunho poético. Um bom exemplo é o debate sobre a existência do estado pré-mortal apresentado neste poema inspirador de William Wordsworth, *Ode on intimations of immortality* [Ode às intimações de imortalidade]:

O nascimento nada mais é que profundo sono e
esquecimento:

A alma que conosco emerge, a estrela de nossa vida,
Tem em outras paragens seu verdadeiro lar,
Vem de muito longe:
Mas nem de tudo se esquece,
Não vem de todo nua a este mundo,
Traz consigo muita glória
Deus, origem de todos nós:
O paraíso está conosco desde nossos primeiros dias!

Que bênção nos ilumina!

Antes de sentir pela primeira vez
Minha língua ou meu rosto
Antes mesmo de sentir
Minhas próprias mãos,
Ou de a energia em meu corpo
Começar a circular
Quando nem sentia ainda
Membros ou coração
Antes mesmo de meu corpo
vir a ser total
Já existia meu eu,
Agora em um universo novo,
que eu ainda não conhecia,
Envolto em suave pele.

E havia minha alma, todo o meu ser
Um olhar aberto para tudo,
Voltado para o céu e para
a imensidão
Com força e essência, pronto
para desvendar.
Lá estava eu, envolto em
uma esfera de luz,
Uma interminável órbita de visão,
Em um tempo indeterminável
e infinito,
Ao redor de um Sol vital
e iluminado
Tudo era vida, tudo era paz
Um estado de pura, simples
e infinita consciência.

THOMAS TRAHERNE
A PERSPECTIVA

Deus disse aos apóstolos: "Irão lhes perguntar aonde ides. Dizei a eles 'para o lugar de onde vim. É para lá que irei'.
E quando lhes perguntarem quem sois dizei 'sou um filho e venho do Pai'.
E quando lhes perguntarem que tipo de filho sois e de que pai respondei 'do Pai que já existia, pois sou um filho da preexistência'".

O Apócrifo de Tiago

Conheci meus filhos antes de eles nascerem

TENHO PLENA convicção de que todos vivemos na espiritualidade antes de vir a este mundo. Antes de cada um de meus nove filhos ser concebido eu já sentia que ele ou ela estava pronto para chegar. Orava então para que tudo corresse bem e me alegrava com sua vinda. Em várias ocasiões tive certeza de que esses espíritos queriam mesmo se juntar à nossa família. À medida que crescia meu respeito pela maternidade, comecei a receber visitas dos filhos que ainda viria a ter. Sentia que cada um tinha personalidade própria e uma missão específica a cumprir na Terra. Creio que é isso o que ocorre com todos nós.

Mas não quero, ao afirmar isso e partilhar com o leitor parte de minha história de vida, dar a impressão de que receber tais visitas e ter essas intuições sempre foi algo normal para mim. O que fiz aqui foi resumir os fatos para tornar sua descrição mais fácil. Tudo aconteceu aos poucos, no espaço de muitos anos, o que me obrigou a ter fé e a reunir forças para seguir em frente em todos os momentos. Um dia decidi que havia chegado a hora de dividir o que aprendi: que nosso espírito é nosso verdadeiro e eterno eu e que vive antes, durante e também depois de nossa estadia na Terra.

Em minha quinta gravidez, tive um aborto e sofri muito com a perda. Já sentia a presença de uma menina ao meu redor mesmo antes de sua concepção. E, durante os três meses em que seu minúsculo corpo esteve dentro do meu, em espírito ela aparecia em meus sonhos e transmitia muito amor. Durante o aborto fiquei com medo de perdê-la para sempre.

Mas Deus me estendeu a mão.

Dois meses depois, durante um sonho, soube que a separação seria apenas temporária. Cheguei a vê-la em espírito, adulta. Era linda. Tinha cabelos longos e castanhos, presos em um rabo-de-cavalo, e olhos grandes e curiosos. Ela ainda estava assustada com a breve experiência na Terra e não queria deixar o lugar maravilhoso em que vivia com amigos. Mas se comprometeu a voltar... e me chamou de mãe.

Alguns meses depois, tive outro sonho, muito vívido, com um quarto de hospital. Consegui observar todos os detalhes do pequeno cômodo: a janela, a cama e até a televisão. A porta estava aberta e uma enfermeira entrou carregando algo. Radiante, vi que era uma linda menina que ela colocou em meus braços. Acordei imediatamente e senti uma presença amorosa masculina próxima de mim dizendo com voz suave: "*O nome dela é Sarah. O nome dela é Sarah*".

Alguns dias depois, soube que estava grávida. Mas, no terceiro mês, tive um princípio de aborto. Desesperada, sentindo que a dor e a hemorragia aumentavam, ajoelhei-me no chão, fechei os olhos e orei humildemente a Deus com todas as minhas forças: "Por favor, ajude-me".

Então tive uma visão. Senti-me saindo do corpo. O céu estava maravilhoso, com muita luz no firmamento. Era como se fossem chamas. Algo me dizia que era o lugar onde Deus mora. Eu não conseguia parar de admirar o horizonte. Então fui levada para outro lugar e senti muita tristeza enquanto levitava no espaço. Era como se estivesse deixando um lugar maravilhoso onde era amada incondicionalmente. Mas uma parte de mim sabia que era hora de desempenhar minha missão no mundo material.

Continuei viajando pelas estrelas e pelo espaço a uma velocidade cada vez maior. Então consegui ver a Terra ao longe, fria e distante, um contraste gritante com a paz do lugar que havia deixado. Já tinham me dito, durante minha existência pré-mortal, que a Terra era um lugar muito longe, mas ainda assim me surpreendeu a distância cósmica.

Senti um calafrio ao me aproximar do planeta estranho e ameaçador. Uma grande solidão tomou conta de mim e tive a impressão de estar caindo num abismo, um ambiente totalmente diferente daquele a que estava acostumada. Mas de repente senti a presença amiga e calorosa de um homem bem ao meu lado e disse a ele, telepaticamente: – *Não imaginava que a Terra fosse tão longe de nosso lar espiritual.*

– *É uma distância enorme* – ele reconheceu.

Quando a visão terminou, uma mensagem de esperança veio à minha mente: "*Você veio à Terra para ser testada e passar por provas e irá superar esta ameaça de aborto*".

Quando abri os olhos, estava prostrada no chão. Senti que um ser de grande poder entrou no quarto e me ergui. Ele emitia uma onda de amor tão grande que me senti imergindo nela. Implorei sua ajuda para salvar a criança que carregava em meu ventre. O ser respondeu enviando à minha mente as palavras: "*Sou o Grande Médico. Vou curar seu corpo e este bebê irá nascer forte e saudável, eu assim ordeno*". Dizendo isso, desapareceu. Fiquei, então, ali, na cama, envolta em seu infinito poder de cura e em profunda paz. A dor e a hemorragia foram diminuindo até desaparecer. Senti-me muito bem e aliviada, pois meu bebê estava salvo!

Meses depois, quando chegou a hora do parto, meu marido e eu fomos para o hospital. Era uma noite muito fria. Enquanto o carro seguia pela rua chuvosa, fechei os olhos e me deixei embalar pelo ritmo do limpador de pára-brisa. De repente, veio à minha mente a imagem de uma linda garotinha de cabelos castanhos e olhos azuis. Estava vestida de branco e se despedia de muitas pessoas. A visão me deixou ainda mais ansiosa para ter a pequena Sarah em meus braços, mas senti que ela não queria deixar aquele mundo celestial onde era rodeada de amor incondicional. Fiquei com medo que ela quisesse deixar a Terra novamente. Orei, então, para que a chegada de nossa querida menina fosse o mais tranqüila possível.

Quando abri os olhos, estávamos chegando ao hospital. Entramos e fui levada para o quarto em uma cadeira de rodas. Quando tudo estava pronto e a equipe médica se preparava para me levar à sala de parto, o médico saiu do quarto por alguns instantes. Meu marido estava ao meu lado, dando-me apoio, e senti que se aproximava o momento crucial. Fechei novamente os olhos e orei em silêncio. Com os olhos espirituais, vi a figura de uma pessoa vestida de branco parada ao pé da cama.

– *Trouxe pessoalmente esta criança ao plano mortal* – ela disse.

Isso me trouxe grande alívio, pois senti que a pequena Sarah não iria "fugir" novamente. Não tinha mais medo de vir a este mundo, pois tinha sido acompanhada por uma figura divina. Alguns instantes depois, nossa querida filha nasceu. Uma enfermeira entrou na sala e disse:

– Todos os quartos do andar da maternidade estão ocupados. Teremos de levá-la a uma área que quase não usamos no segundo andar.

Segui então, de maca, por um longo corredor até o elevador e depois para um pequeno quarto. Quando me colocaram na cama, lembrei-me da imagem mental de um ano antes. O quarto de minha visão era exatamente aquele, assim como todos os detalhes que se seguiram.

A porta se abriu, uma enfermeira entrou com uma criança no colo e a colocou em meus braços. Ver os lindos olhos de minha menina me fez lembrar imediatamente da visão que havia tido. "*O nome dela é Sarah. O nome dela é Sarah.*" Finalmente o sonho se realizava. Sarah Rebekah, o lindo bebê que vi em meu sonho havia finalmente retornado à Terra como prometido, na forma de uma criança.

Quando Sarah Rebekah, a quem chamamos carinhosamente Becky, tinha sete meses de idade começamos a observar que tinha uma natureza encantadora. Ao acordar de um cochilo, fazia sons como se estivesse tentando falar e cantar, o que nos fazia rir e nos alegrava. Brincávamos em família dizendo que ela "falava com os anjos". Mais tarde, descobrimos que se tratava da mais pura verdade.

Uma tarde, Becky anunciou, com um som melódico, que havia acordado. Fui então até o quarto,mas parei antes de entrar. Senti algo estranho, como se estivesse pisando em solo sagrado. Tive até receio de tocar a maçaneta. Após alguns segundos fui abrindo devagarzinho a porta e entrei. A sensação vinha de uma presença masculina. Era como um anjo flutuando acima do berço de Becky. Mas não posso dizer que o vi com meus olhos. Era mais a sensação de sua presença do que uma visão. Becky estava fazendo seu barulhinho característico, feliz por receber aquele amor tão puro que o visitante espiritual emitia.

Totalmente absorvida por aquela presença radiante, ouvi em minha mente sua voz masculina dizer: "*Diga à mamãe que preciso ir agora*".

Enquanto isso, Becky olhava atentamente para cima balançando as perninhas e com um sorriso radiante no rosto. Para mim, os sons que emitia eram, até aquele momento, puramente infantis. Mas percebi, então, que ela fazia na verdade grande esforço para se comunicar com seu irmão na língua celestial que falava antes de vir para este mundo, só que agora por meio de um corpo limitado com o qual ainda não havia se acostumado. (O choro infantil muitas vezes é resultado da frustração do espírito eterno tentando se adaptar a um corpo físico ainda em desenvolvimento. Por isso, sejamos pacientes com as crianças em seus primeiros anos de vida.)

Meus olhos se encheram de lágrimas ao sentir a presença daquele espírito iluminado. Percebi então que estávamos tendo a honra de receber uma visita do futuro irmão de Becky para anunciar seu momento de vir à Terra. Alguns segundos depois ele partiu. Concluí que aqueles que estão para nascer podem visitar sua futura família e casa. (Os amigos imaginários das crianças podem não ser tão imaginários assim, afinal. Nós, adultos, é que os consideramos mera "fantasia infantil".)

Nosso futuro filho partiu, então, mas em um mês voltou para anunciar que havia chegado o momento de sua concepção. Eu disse a meu marido que havia recebido a mensagem celestial e, realmente, alguns dias depois, constatei que estava grávida.

Ao final do primeiro trimestre da gravidez recebi uma terceira visita dele, anunciando: "*Meu nome é Matthew*". Cada vez que ele se apresentava diante de mim eu sentia traços predominantes em sua personalidade: amor e um caráter nobre.

Alguns meses depois, nossa família se reuniu na sala, como de costume, para fazer uma oração. Ajoelhados e formando um círculo, terminamos a prece. Percebi então que minha filha de dez anos, Laura, estava com os olhos cheios d'água e uma expressão de surpresa no rosto. Eis o que ela disse:

– Durante a prece abri os olhos e vi um homem em espírito bem alto, de cabelos loiros e pele bronzeada. Emanava muito amor. Estava usando roupas brancas de gola "v", provavelmente com as mangas dobradas, pois consegui ver parte de seus braços. Era forte, tinha ombros largos e parecia estar descalço. Suas mãos estavam sobre os ombros de papai. Quanto mais o observava, mais tinha a certeza de que o conhecia e o amava fazia muito tempo, mais até do que a mim mesma. Era meu irmão Matthew.

Hoje Matthew tem 24 anos e sua aparência é exatamente a que Laura descreveu. E apesar da diferença de idade (mesmo porque não existe idade na vida eterna) os dois são muito unidos, mesmo depois de terem se casado e constituído cada um sua família.

Enquanto eram solteiros, faziam muitas coisas juntos. Iam esquiar e saltar os penhascos do Rio Salado nas férias. Sempre tiveram muitas características em comum. São bastante audazes e têm um grande coração. Estão sempre prontos a ajudar alguém que necessite.

Laura sempre diz:

– Acompanhei todas as fases de crescimento de Matthew e, pouco a pouco, ele se transformou exatamente no homem que vi antes de ele nascer. É incrível poder olhar para meu querido amigo e irmão.

Uma semana antes de Matthew nascer, eu estava sentada em minha cadeira de balanço, sentindo-me muito cansada devido à gravidez. (Sabe como é quando se está exausto demais até para ir para a cama.) Fiquei pensando na presença amorosa de meu futuro filho que havia se manifestado várias vezes. De repente, ele surgiu à minha frente vestido de branco. Estava adulto e era um homem muito bonito.

Observei seus cabelos loiros e os traços de seu rosto. Ele agradeceu por todo o sacrifício que eu estava fazendo durante a gravidez, nutrindo seu futuro corpo para que pudesse vir ao mundo e cumprir sua missão como mortal. Disse que nasceria dentro de alguns dias e depois desapareceu. Meu amado filho veio ao mundo uma semana depois, trazendo amor incondicional à nossa família.

Mas não sou a única a acreditar que as pessoas vêm do Céu para a Terra. As páginas seguintes contêm vários relatos sobre nossa origem divina: são histórias que mostram que "vivemos no Céu" antes de nascer.

Sarah Hinze

Quão doces os dias
Radiantes de minha infância angelical!
Antes de vir para este lugar,
Antes mesmo de nascer
E novas experiências viver,
Ainda ansiando por voltar
Sentindo na alma a aura do lugar.
Quando ainda não amava o que vivo agora,
Distante do mundo de minha aurora.
Olhando o Céu hoje, vejo
O mundo que deixei em um breve lampejo.

HENRY VAUGHN

Vida antes da vida

SOU UMA índia navajo e fui criada na reserva de Tohatchi, no Novo México. Um momento decisivo em minha vida foi aos 16 anos quando fiz, pela primeira vez, uma oração realmente sincera. É algo de que jamais irei me esquecer. Estava muito triste e me ajoelhei ao lado do berço de meu sobrinho, o único lugar em que podia ficar sozinha na casa naquele momento.

No primeiro instante senti o cheiro das tortilhas que minha mãe estava preparando para o jantar. Mas à medida que comecei a orar me desliguei do mundo e fui invadida por uma profunda sensação de amor e de tranqüilidade. O consolo e a alegria que senti naquele momento me acompanham ano após ano de minha vida.

Enquanto me ajoelhava, pedi a Deus que me desse um casamento abençoado. De repente, vi um braço à minha frente apontando para o lado. Olhei na direção que ele apontava e ouvi uma voz dizer: "*Aqui está seu marido*". Mas o homem que vi não era índio.

Um dia, anos antes de eu conhecer o "marido" de minha visão, meu pai nos contou durante o café da manhã que havia sonhado que estava com uma menininha em seus braços, uma neta que queria muito ter. Na época, ele tinha apenas netos. Contou também que a menina era meio índia e meio branca. Como eu havia relatado à família sobre minha visão, todos olharam imediatamente para mim. Anos depois, o sonho de meu pai se tornou realidade quando ele pegou no colo pela primeira vez sua netinha (minha primeira filha). Abriu um grande sorriso e disse: – É ela mesma, a menininha de meu sonho, exatamente igual.

E meu marido era o mesmo de minha visão no dia em que fiz a prece. Quando o vi pela primeira vez me senti "voltando para casa". Nós nos apaixonamos e nos casamos em uma bela manhã de verão.

Nosso casamento e nossos filhos são abençoados por Deus. Cada um deles nos trouxe alegria e momentos inesquecíveis, os quais consideramos verdadeiros tesouros. Veja um deles:

Era uma manhã fria de outono. Ajoelhei-me para fazer minhas preces e algo maravilhoso aconteceu. Senti a presença de alguém atrás de mim. Quando me virei, vi um grande salão. No outro lado havia uma porta meio aberta e luz atrás dela. A porta foi se abrindo e comecei a ver que era uma luz muito intensa, tão intensa que pude senti-la. Havia vozes do outro lado e, de repente, comecei a ouvir passos suaves caminhando em direção ao salão.

Ela era linda. Tinha os cabelos soltos e na altura dos ombros. Ao lado dela estava um rapaz. Os dois vinham caminhando de mãos dadas e conversando alegremente. Pararam diante de mim e se abraçaram. Ela disse a ele que tinha de partir para a Terra, mas que logo o veria novamente. Ficaram de mãos dadas mais um instante, mas seus caminhos se afastaram. Ela veio para a Terra e ele permaneceu no Céu por mais algum tempo.

Então ela veio caminhando em minha direção e a visão foi se tornando apagada. Mas ainda sentia sua presença perto de mim, como uma suave brisa. Sabia que ela seria nossa filha, aquela menina linda. Virei-me para o outro lado e estava novamente em casa, ainda ajoelhada para fazer minhas orações.

Fiquei tão maravilhada ao saber que teria aquela filha que comecei a usar roupas de grávida naquele mesmo dia... e durante os nove meses seguintes. Quando meu marido chegou em casa, à noite, estranhou e perguntou:

– Por que você está usando essas roupas?

Respondi, radiante, que estava grávida, que teria uma menina e que já havia escolhido seu nome. Tinha tanta certeza de que estava grávida que nem fui ao médico para verificar. Não havia a menor sombra de dúvida! Meu marido não duvidou e ficou muito contente com a notícia.

Nossa filha nasceu nove meses depois, com o pai pulando de alegria.

– É menina! É menina!

Mas eu já sabia.

Meu pai chama minha filha de "garotinha do sonho". E ela é exatamente igual e tem o mesmo sorriso que tinha em minha visão, vinda de um lugar de luz e de imensa alegria. Senti quando o corpo mortal e a alma eterna de minha filha se uniram no momento da concepção.

Agradeço a Deus pela oportunidade que tive de saber.

WANDA O.

Abrace seu bebê e todos os seus filhos sempre, assim como seu marido. Tenha certeza de que o maior caminho espiritual é o da maternidade. Você é uma filha de Deus privilegiada por ter em sua vida uma bênção tão grande.

Qahira Qalbi

Um anjo de macacão

TOM E EU tínhamos cinco filhos na época, com idades entre dois anos e meio e nove anos. A mais velha era uma menina e os outros, meninos. Tom trabalhava na área de construções. A recessão havia nos atingido e estávamos ficando sem dinheiro. O único método anticoncepcional que parecia funcionar para nós era o DIU. Como todos os outros haviam falhado, Tom me perguntou o que eu achava de optarmos por um método de controle permanente. Apresentou motivos claros e muito sensatos.

Decidi então me recolher e orar. Queria ter certeza de que não havia outras crianças esperando para se unir à nossa família.

Algumas horas depois, enquanto eu estava limpando a cozinha, vi perto de mim uma criança pequena de cabelos cacheados. Estava usando uma camiseta branca e um macacão azul. No primeiro instante pensei que fosse um de meus filhos que tivesse acordado da soneca. Virei-me e fiquei observando. O garotinho saiu da cozinha e foi engatinhando até a sala, sentou-se e ficou brincando durante uns cinco minutos. Depois desapareceu.

Sentei-me e fiquei pensando no que tinha acabado de ver. Era um espírito. Mas não fiquei com medo; ao contrário, sentia uma grande paz.

No dia seguinte, no mesmo horário eu estava na cozinha. Meu marido, meus dois filhos e minha filha estavam na escola. De repente o mesmo garotinho apareceu, com seus cabelos cacheados, a camiseta e o macacão. Foi para a sala novamente e ficou brincando durante alguns minutos antes de desaparecer.

Nesse momento, tive certeza de que aquela criança estava esperando para nascer em nossa família. Não havia como negar uma visão que se repetia por dois dias seguidos. Tinha de contar a Tom, mas não sabia como. Jamais tínhamos vivenciado uma experiência assim.

Dois ou três dias depois, saímos para jantar e tentei contar a ele o que havia acontecido. Fiquei uns cinco minutos explicando que não estava louca. Ele ficou mais cinco me pedindo que dissesse logo do que se tratava. Contei então a história, esclarecendo que outra criança precisava nascer em nossa família e que provavelmente se tratava de um menino pelas roupas que usava. Tom concordou comigo e disse que poderíamos até ter outro bebê, mas que seria preciso esperar o final do ano.

Algumas semanas depois, numa sexta-feira, comecei a sentir muitas cólicas e compreendi que tinha de ir ao médico. Falei com Tom e ele disse que era melhor remover o DIU. Senti que precisava ser feito no mesmo dia. Telefonei para meu médico mas ele estava viajando. Então, após falar com oito médicos, um deles finalmente estava disponível e pôde me atender. Ele removeu o DIU e não encontrou sinais de infecção, mas me deu uma receita de antibiótico por precaução. Não sabia exatamente porque, mas não consegui tomar o remédio.

Nas semanas seguintes, comecei a ter sintomas de gravidez. Marquei uma consulta com meu médico e ele confirmou o diagnóstico. Informei a data em que o DIU foi retirado e ele disse que, no dia da remoção, eu já estava grávida fazia mais ou menos dez dias. Poderia ter tido um aborto no momento da remoção. E concordou que aquela criança tinha mesmo de nascer em nossa família.

Em novembro de 1982, o bebê nasceu. O parto foi tão rápido que o próprio Tom acabou ajudando e a criança nasceu no corredor do hospital. Era uma menina e, com poucos meses, já tinha cabelos cacheados. Um dia, sem perceber, coloquei nela uma camiseta branca e um macacão azul. Quando terminei, olhei para ela e reconheci imediatamente o bebê que me visitara duas vezes para avisar que iria se juntar à família.

Mindy R.

Com a alma de Adão foram criadas as almas de todas as gerações de homens. Elas ficam guardadas em um depósito no sétimo céu e vão sendo retiradas à medida que novos corpos se formam.

B. Chagiga 2B
Texto antigo

Um rosto no Céu

MORO PERTO da cidade de Geraldton, na Austrália, a quatro horas de Perth. Ao norte está a terra dos aborígenes, nosso sertão.

Faz algum tempo tirei uns dias de folga ao mesmo tempo que alguns colegas de trabalho. Combinamos fazer uma viagem no fim de semana para a Tasmânia, uma ilha ao sul. Era bem distante para ir e voltar num fim de semana, mas como trabalhávamos na empresa aérea Ansett conseguimos passagens com preço bem baixo e decidimos aproveitar. Minha esposa estava grávida de oito meses de nosso quinto filho, mas concordou que eu fosse.

Então viajamos, depois alugamos um carro e dirigimos durante horas. Dormimos muito pouco, mas fizemos todos os passeios turísticos que o curto tempo nos permitiu.

Algo muito estranho, porém, aconteceu quando estávamos ao norte de Bicheno, na costa leste da Tasmânia. Ao nos aproximarmos de uma curva, vimos um riacho perto de um cruzamento na estrada. Havia muitas árvores ao redor e, enquanto eu observava a paisagem, algo no céu chamou minha atenção. Era o rosto de uma criança entre as nuvens. Naquele momento eu soube que teríamos um sexto filho.

Voltei para casa e, pouco depois de termos o quinto bebê, minha esposa engravidou novamente. Antes de eu ter aquela visão havíamos combinado que o quinto seria nosso último filho. Mas hoje temos seis. O mais novo é um menino.

DES HILL

"*Eles não são do mundo, assim como eu não sou do mundo.*"

João, 17: 16

Meu filho que ainda não nasceu

UMA NOITE, anos atrás, minha esposa e eu estávamos na sala de brinquedos de nossa casa. As crianças já tinham ido para a cama. Ela estava grávida e aguardávamos ansiosos a chegada do novo bebê. Achávamos que seria ainda naquela noite. Apenas uma luz no canto da sala estava acesa, o ambiente era aconchegante e ficamos ali, conversando e sentindo o amor fluir entre nós e a criança. Ela estava sentada em uma cadeira de balanço, com as mãos sobre a barriga. Olhei para ela e senti que aquela energia maravilhosa se tornava cada vez mais forte.

– Está sentindo? – perguntei.

– Sim, estou – ela disse.

A sensação era realmente muito boa, até difícil de descrever.

– Sinto que será um menino – eu disse.

– Eu sei. Será um belo garoto.

Então olhei para o lado e foi como se o tempo e o espaço se fundissem. Vi nosso filho em pé a alguns passos da cadeira de balanço. Era alto e muito bonito. Sua energia preenchia todo o cômodo, transmitindo muita força, bondade e amor.

Eu disse:

– Está vendo nosso filho ao seu lado?

E ela, em meio a toda aquela energia, respondeu sorridente:

– Nem preciso ver. Sei que ele está aqui.

RICHARD G. ELLSWORTH (1)*

* Os números entre parênteses referem-se às Notas finais no fim do livro. (Nota do Editor)

A criança que vem ao mundo traz consigo o paraíso. Seu rosto, seu sorriso e até mesmo seu choro nos remetem à melodia dos Céus.

Hazret Inayat Khan

O amor que veio do Céu

A VIDA fica muito mais emocionante quando estamos prestes a nos casar. Fiquei noiva em abril e planejava me casar em julho. Trabalhei duro para juntar dinheiro e dar uma festa depois da cerimônia.

Em maio tive uma experiência inesperada. Uma noite, por volta de uma hora da manhã, acordei ouvindo uma voz. Havia uma garota muito bela parada em frente à minha cama. Senti imediatamente que seria minha primeira filha. Era como se já nos conhecêssemos e tivéssemos grande estima uma pela outra mas eu tivesse me esquecido. Ela estava muito feliz em poder vir à Terra e viver em um corpo físico. Disse que me amava e senti que era verdade, pois ela emanava uma energia celestial.

A visão durou apenas alguns segundos. Oito meses depois de me casar engravidei. Senti muito enjôo o tempo todo, mas Nycole finalmente nasceu em dezembro de 1987. Hoje temos o mesmo relacionamento e o amor uma pela outra que senti naquela noite de maio em que ela apareceu.

KARRIE B.

Eles vêm do Pai Primordial; do alto, da luz eterna. É de onde suas almas vêm.

HIPÓTESE DOS ARCONTES, 96: 19-22

Chegou a minha vez

– *MAMÃE.*

Levantei a cabeça, ouvindo novamente aquela voz e imaginando que era uma de minhas filhas chamando.

– *Mamãe.*

Mas não era uma voz conhecida. Sentei-me e, para minha surpresa, vi um vulto ao pé de minha cama. Era como uma sombra, porém branca, de cabelos e pele escuros. Balancei a cabeça, imaginando que se tratava de sonho, mas a figura continuava ali, de braços abertos em minha direção.

Pensei: "Isso não pode ser verdade". Procurei meus óculos, certa de que meus olhos estavam me enganando. Mas a criança continuava ali, parada. Perguntei, então, em minha mente: "O que é que você quer?" E ela me respondeu com uma voz que eu ouvia mas não sei explicar como:

"*Mamãe, chegou a hora de eu vir.*"

Só então percebi que se tratava de meu quarto filho. Meu coração se encheu de alegria e ele desapareceu.

Saí correndo para contar o que tinha visto a meu marido, Ray, que estava acordado estudando para uma prova. Ele disse:

– Cheryl, sei que você gostaria de ter outro filho, mas não se empolgue. Não podemos adotar uma criança. Temos três filhas. E os médicos já disseram que você não pode mais engravidar.

Algum tempo depois, Ray estava trabalhando e ouvindo música quando, de repente, viu uma luz no corredor da casa. Foi até lá ver por que a luz estava acesa. Enquanto caminhava, a música em seu aparelho de som parou e ele foi invadido por uma grande sensação de paz. Teve certeza, então, de que nosso quarto filho estava chegando.

Começamos então a preparar a papelada para dar entrada no pedido de adoção. Já tínhamos nos cadastrado antes em Wetaskiwin, mas nosso pedido não fora aprovado. Sabíamos que não adiantava mais tentar naquela cidade, então meu marido decidiu que deveríamos nos mudar para Leduc e tentar novamente. Mas, dessa vez, para nossa surpresa, tudo transcorreu sem problemas e logo fomos chamados a Calgary. Eles tinham uma criança e queriam que fôssemos para lá no dia seguinte.

Corri até a escola para contar a Ray que nosso bebê havia chegado. Mas quando cheguei ele abriu a porta e não pareceu surpreso. Simplesmente sorriu e disse:

– Eu sei.

No caminho, senti que deveríamos dar a ele o nome de "Matthew". Quando chegamos, a assistente social veio nos receber e deixou muito claro que a criança era índia nativa e que sua aparência era bem diferente da nossa. Nada disso importava. Só queríamos poder levar logo para casa a criança que já conhecíamos.

Quando ela trouxe o bebê e o colocou nos braços de Ray, abri a manta em ele estava enrolado e tive certeza de que era nosso filhinho Matthew. Seus olhos pareciam emitir um raio de luz dizendo: "Mamãe, cheguei. Eu estou aqui."

Fiquei emocionada, exatamente como quando vi minhas filhas pela primeira vez. Algum tempo depois, a assistente social veio à nossa casa para ver como as coisas estavam indo com o novo bebê e comentou:

– Engraçado. Eu não ia indicar esta criança para vocês. Eu tinha acabado de receber sua ficha e a misturei com as outras, mas todos os dias acabava esbarrando nela. No início, pensei que era coincidência, mas comecei a achar aquilo estranho e algo me fez telefonar para cá e marcar uma entrevista.

Ao dizer aquilo, ela só fez confirmar o que nós já sabíamos. Algumas coisas simplesmente têm de acontecer. Nossa família agora estava completa e mais unida do que nunca.

CHERYL CAYER

Quando meus ossos estavam a se formar, um por um, no útero de minha mãe, enquanto eu crescia em segredo, Tu sabias que eu existia; me viste antes de eu nascer. Os dias de minha vida já estavam registrados em Teu livro mesmo antes de o tempo existir.

SALMOS, 139: 15-16

Sonhos com quem ainda não nasceu

MEUS SONHOS nunca se realizaram na vida real exceto dois que tive com meus filhos antes de nascerem. Na primeira gravidez, sonhei três vezes que teria um menino loiro dois meses antes da data prevista, mas perfeito e saudável. Ao acordar, nem quis pensar no assunto, pois bebês tão prematuros dificilmente são "perfeitos e saudáveis". Simon, porém, nasceu com 33 semanas de gestação, loiro e com saúde perfeita.

Quando dei por mim, estava grávida novamente e sonhei que tinha duas filhas gêmeas chamadas Jill e Sarah. Algum tempo depois, enquanto eu olhava para algumas estatuetas em forma de bebê, não conseguia tirar os olhos dos gêmeos. Com 14 semanas de gestação, o médico confirmou o diagnóstico e informou que eram duas meninas. Hoje temos duas filhas chamadas Beth e Sarah (meu marido não gosta do nome Jill).

TRACEY NELSON (2)

“Ele irradiou luz para iluminá-la, em brumas ocultas, envolvendo-a por todos os lados. A alma desceu as escadarias do paraíso...”

NAHMONIDES

Irisna

FOI O LUGAR mais bonito em que já estive. E, apesar de ter sido em sonho, foi tão real quanto o mundo em que vivemos. Em abril de 1979, tive uma visão inesquecível com a menina que viria a ser minha filha. O local emanava uma paz transcendental. O Sol brilhava com tanta intensidade, o céu era tão azul e a grama tão verde que eu mal podia acreditar no que estava vendo.

Eu estava sentado no banco de um parque muito bonito. Os raios do sol me aqueciam, porém de dentro para fora, sem queimar minha pele. O som do vento, dos pássaros e dos animais entre as árvores parecia distante, porém muito claro. Eu tinha uma sensação maravilhosa de união com tudo ao meu redor. Minha visão, audição e emoções estavam ampliadas a níveis inimagináveis. As pedras, os pássaros, as árvores e o ar pareciam vibrantes e integrados como uma dança cósmica. Tudo ao redor era uma extensão de meus sentidos. E, no entanto, era como se fosse normal, tal como as coisas devem realmente ser no universo.

Em meio a esse paraíso, eis que surge uma mulher de rara beleza. De onde veio ou como chegou não sei explicar. Mas não me assustei nem me surpreendi com sua presença. Nem eu mesmo sabia como havia chegado àquele lugar fascinante.

Fomos então nos sentar a uma espécie de mesa com um banco ali perto, circundados pela beleza estonteante do local. Parecia que nos conhecíamos fazia muito tempo, como se nossas almas viessem dançando juntas por toda a eternidade. Ríamos, conversávamos e nos entendíamos em silêncio.

Talvez o uso das palavras "rir" e "conversar" nem seja o correto nesse caso. É mais certo dizer que "pensávamos" e "sentíamos" juntos. Nossos lábios não se moviam nem emitiam som algum. Nem sei dizer se é possível chamar a isso de telepatia, pois telepatia implica leitura de pensamento entre duas pessoas, uma enviando mensagens mentais à outra. Mas o que realmente ocorria ali era uma troca simultânea de pensamentos, um verdadeiro mergulho em um oceano de experiências sensoriais. Que experiência incrível!

Depois de algum tempo, levantamo-nos e fomos caminhar, mas parecia que flutuávamos pouco acima do solo, sem tocá-lo. Nossa comunicação era tão perfeita que parecia envolver tudo o que existe no universo e além dele. Era como se já soubéssemos tudo o que há para saber e estivéssemos apenas repassando as informações ou atualizando um velho amigo que não vemos há algum tempo sobre o que tem ocorrido em nossa vida.

Mas chegou a hora de partir. Eu sabia que estava em outro mundo, em outra dimensão, em um lugar de sonhos. Queria ter algo concreto para me lembrar quando acordasse, então perguntei seu nome. Ela sussurrou "Irisna" e desapareceu. O eco do som permaneceu em meu coração, como uma canção.

Acordei, então, na madrugada, ainda com o som do nome Irisna ressoando em minha mente. Anotei-o imediatamente e perguntei, no dia seguinte, a todas as mulheres de minha família, incluindo minha mãe, minha esposa e minhas tias se alguma delas já tinha ouvido falar em alguém com esse nome, mas nenhuma delas tinha. Concluí, então, que não devia ser o nome espiritual de alguém que conhecíamos neste mundo.

A experiência foi algo muito real e mais intensa que qualquer outra que já tive mesmo acordado. Sabia que era uma amizade eterna, que encontraria Irisna outras vezes e aguardava ansiosamente outra oportunidade de estar com ela.

Nos meses seguintes, ela me visitou diversas vezes em meus sonhos e durante minhas meditações. Foram todas experiências tão reais quanto as que temos no mundo físico. Finalmente, depois de vários encontros do outro lado, Irisna veio falar comigo pela última vez em julho de 1979 e disse que pensava em nascer na Terra, em um corpo carnal. E me transmitiu muito amor, perguntando se eu concordaria em tê-la como filha. Respondi imediatamente: "*Sim, adoraria ter você na família*". Ela ficou muito contente e me abraçou dizendo que entraria em contato comigo para me passar mais informações e que eu continuasse com minha vida normalmente. E depois desapareceu.

Eu ficava sempre imaginando para onde ela ia quando desaparecia, mas não tinha poderes ou conhecimento para tentar segui-la. Ela atravessava uma espécie de véu invisível no qual eu não conseguia penetrar. Cada vez que vinha me visitar, entrávamos num estado maravilhoso entre o mundo espiritual e o físico.

Depois da última visita, vários meses se passaram sem nenhuma notícia dela. Eu estava tão acostumado a vê-la que senti saudades e fiquei ansioso pelo que viria a acontecer.

Finalmente, entre o final de janeiro e início de fevereiro de 1980 três mensageiros celestiais apareceram para mim. Eram as criaturas mais angelicais e belas que eu já tinha visto. Eram magros e altos (creio que tinham mais de dois metros), tinham pele morena e suave e irradiavam um incrível sentimento de paz, amor e me senti muito tranqüilo em sua presença.

Anunciaram que Irisna seria concebida em breve e que tudo correria bem. Eu não precisaria me preocupar com aspectos financeiros, logísticos, psicológicos, físicos ou emocionais. Tudo estava de acordo com meus desejos espirituais e meu papel era apenas consentir que as coisas acontecessem e seguir o fluxo natural da vida. Consenti imediatamente que ela nascesse como minha filha.

Ao acordar na manhã seguinte, contei à minha esposa sobre meu sonho. Perguntei se ela concordava em suspender os contraceptivos e dar à luz aquele ser celestial. Minha esposa não é do tipo dócil, que concorda com tudo o que seu marido lhe diz. Mas dessa vez consentiu imediatamente, sem questionar ou resistir à idéia. Creio que ela sentiu, em seu coração, que se tratava de uma mensagem genuína dos céus e que havia mesmo uma filha desejosa de nascer em nossa família.

Algum tempo depois ela engravidou e, em 12 de novembro de 1980, nossa filha nasceu. Demos a ela o mesmo nome que tinha antes de vir ao nosso mundo: Irisna. Jamais encontrei este nome em livros ou em lugar algum. Mas sei que significa "aquela que intuitivamente vê como Deus".

Nos primeiros anos de vida, Irisna se lembrava claramente do contato que tivemos antes de ela nascer. À medida que foi crescendo, no entanto, as lembranças foram desaparecendo. Mas sei que eram reais e estão vivas até hoje em mim. Foram as experiências mais maravilhosas que já tive e me mostram, sem sombra de dúvida, que existe vida além do véu de nosso mundo. É uma convicção que trago comigo com toda a força de meu ser.

Reverendo Nirvana Reginald Gayle

Há um constante ir e vir entre nós e o mundo ancestral... e as crianças é que podem nos contar a respeito deste outro mundo porque acabaram de vir dele.

JONATHAN CORR

"*CHINUA ACHEBE: AT THE CROSSROADS. AN INTERVIEW WITH THE NIGERIAN WRITER*"

[A ENCRUZILHADA: UMA ENTREVISTA COM O AUTOR NIGERIANO]

Somos meros seres errantes, vagando pelo mundo como num local estranho ao qual não pertencíamos antes de nascer, e nele residindo temporariamente até cumprir nosso tempo de vida.

De Cherubim

Aquele que me trouxe à Terra

ESTAVA colocando meu filho Johnny na cama uma noite e ele me pediu que lhe contasse uma história. Eu já havia lhe contado algumas aventuras de seu tataravô, que havia sido colonizador, soldado e líder comunitário. Mas naquele dia resolvi contar uma história diferente. No entanto, assim que comecei, ele me interrompeu dizendo: "Não, conte-me uma história sobre o vovô Robert". Fiquei surpresa. Robert era meu avô. Jamais havia lhe contado histórias sobre ele e não conseguia imaginar de onde ele tirou o nome. Vovô Robert tinha falecido antes de eu me casar.

– Como você sabe do vovô Robert? – perguntei.

– Foi ele quem me trouxe à Terra – respondeu ele, em tom de reverência.

LOIS P.

E aconteceu que ele [Jesus] ensinou e abençoou as criancinhas da multidão, sobre as quais foi falado; e soltou-lhes a língua; e disseram grandes e maravilhosas coisas a seus pais, maiores até do que as que ele revelara ao povo; e soltou-lhes a língua a fim de que pudessem expressar-se.

3 Nephi, 26: 14

A lição que aprendi com meu filho

SEMPRE OUVI dizer que se pode aprender muito com as crianças, mas somente quando tive uma experiência inesquecível com um de meus filhos é que percebi como isso é verdade.

Quando nosso primeiro filho, Alan, tinha pouco mais de dois anos, sua tia-avó, Lida, faleceu. Eu não sabia direito como contar a ele sobre a morte. Mas como freqüentávamos muito a casa de Lida, tínhamos de dar a ele alguma explicação.

Reuni toda a minha coragem, pois não estava acostumada com aquele tipo de situação, chamei Alan até a cozinha, coloquei-o sentado sobre a bancada, puxei uma cadeira e comecei a falar.

– Filhinho, tia Lida voltou para o nosso Pai Celestial.

Antes que eu continuasse, ele perguntou:

– Quem a levou?

Fiquei pensando por um instante e depois disse:

– Deve ter sido alguém que ela conhece.

Seu rostinho imediatamente se iluminou. Ele sorriu e disse: – Sim, eu sei como funciona. Vovô Clark me trouxe quando eu vim nascer aqui. E acho que é ele quem vai me levar de volta quando eu morrer. – E começou a descrever meu pai, que tinha falecido havia mais de 12 anos. Alan jamais tinha visto uma fotografia dele, mas disse que o amava e que ele era muito bom. E que o ensinou e ajudou a se preparar para vir à Terra.

Meu marido conversou com Alan depois e ele repetiu tudo o que havia me dito. E contou também à avó Clark. Durante meses, ele falou alegremente de suas experiências como algo real, natural e bom, de que se lembrava com carinho. Mas um dia, de repente, as lembranças parecem ter sido apagadas de sua mente, pois Alan não parecia saber do que estávamos falando quando tocávamos no assunto.

Mas, seja como for, aprendemos com nosso filhinho uma grande lição.

Betty Clark Ruff (3)

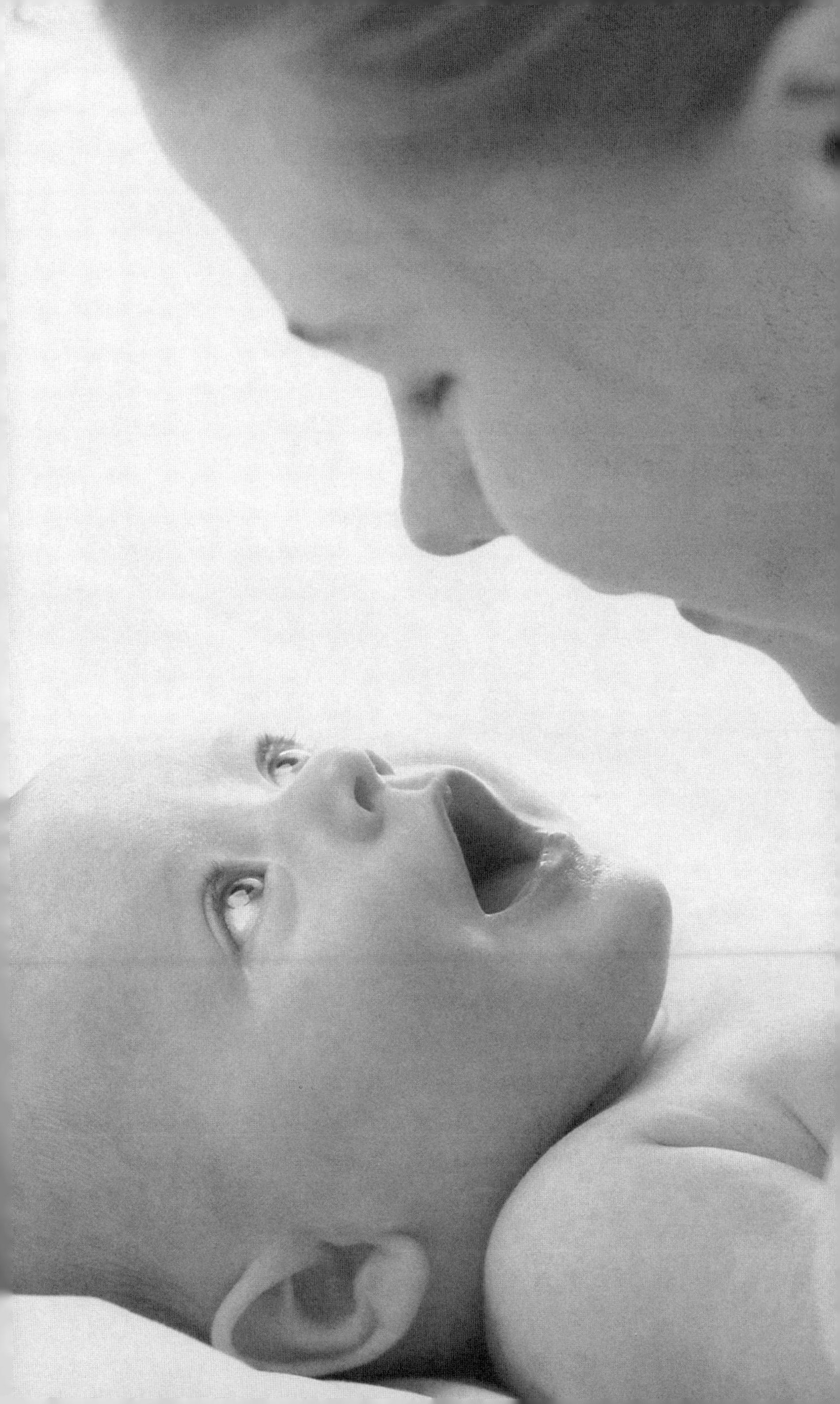

Pois que eu os conheço e, mesmo antes de virem a existir, já os conhecia, e em suas faces deixei meu sinal.

Odes de Salomão, 8: 16-21

As mãos de meu pai

O ANO ERA 1940. Eu tinha quatro filhas e queria muito ter um menino, esperando que isso ajudasse a equilibrar meu casamento, que não ia bem. Meu marido tinha dificuldade em lidar com todas aquelas meninas e queria um filho.

Eu estava grávida e tudo transcorreu de maneira relativamente normal nos primeiros meses, mas as semanas finais foram muito difíceis e estressantes. Quase não tinha apoio emocional de meu marido, que estava trabalhando em outra cidade e raramente vinha para casa. Tive de ir sozinha para o hospital no dia do parto e estava exausta. O médico quis me dar medicamento para diminuir a dor, mas eu me recusei, dizendo: "Se suportei até agora vou suportar até o final".

Nos momentos finais do parto, tive uma experiência que só posso classificar como uma visão. De repente, vi-me em um quarto cercado por cortinas onde havia uma grande mesa sobre a qual estavam vários recém-nascidos, a maioria meninos. Ansiosa, peguei um dos meninos nos braços, mas percebi que duas mãos, que lembravam muito as de meu falecido pai, entraram pelas cortinas. Ouvi então a voz de meu pai dizendo "*não, não, Bella. Não é este, é esta aqui*", e deu-me uma das meninas no exato momento em que meu bebê nascia.

Eu era muito apegada a meu pai, que morreu quando eu tinha apenas 13 anos de idade. Ninguém mais me chamava de Bella. E o bebê que ele me entregou era idêntico à menina que tive.

B. T. M.

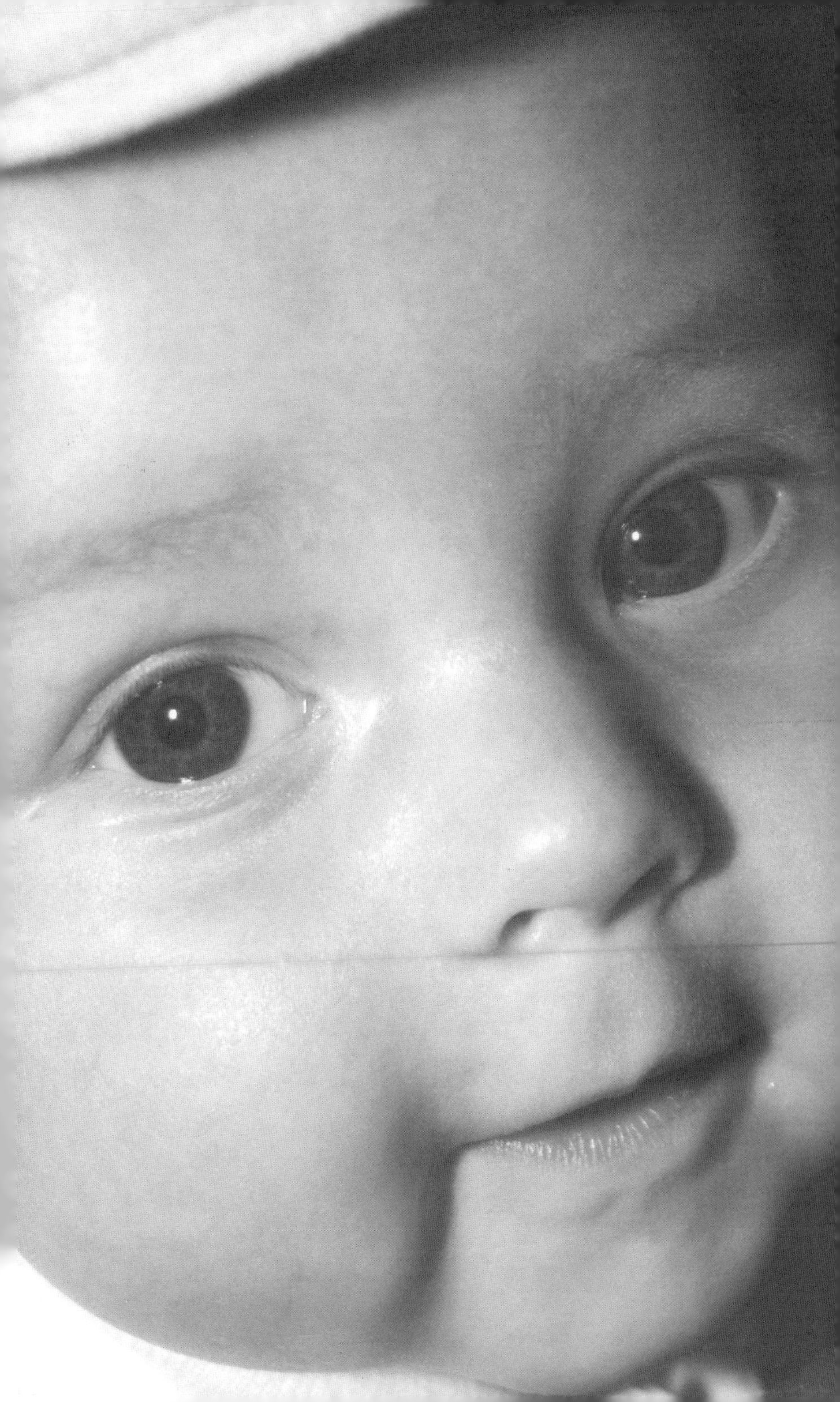

> *A criança é um presente de Deus para a família. Cada uma delas é criada à imagem e semelhança de Deus com um objetivo sagrado: o de amar e ser amada.*
>
> MADRE TERESA

O presente

MINHA primeira gravidez terminou em aborto. Para surpresa de todos (e minha também) engravidei alguns dias depois. Mas no terceiro mês comecei a ter dor intensa e hemorragia. Estava certa de que iria perder o segundo bebê, porém os exames mostraram que ainda havia um coraçãozinho batendo dentro de meu útero.

Naquela noite, tive um sonho com uma menina linda e sorridente de cabelos loiros e olhos azuis envolta em muita luz. O mais estranho é que eu não me sentia como se estivesse sonhando, e sim acordada e bem consciente de que tinha à minha frente um ser vivo. Senti aquela presença suave, que me transmitia muito amor e paz. Depois disso, tive certeza de que teria uma menina. E algo me dizia, quase como se alguém tivesse sussurrado em meu ouvido, que ela queria que seu nome fosse Natalie.

Quando a menina nasceu, era exatamente igual à que eu tinha visto em meus sonhos meses antes. Dei a ela o nome Natalie e descobri depois que ele significa "presente". E foi mesmo um presente de Deus.

NANCY

Tu não te esqueceste daqueles que hoje vivem e daqueles que já morreram, mas eu me lembro daqueles que estão para vir.

O Apocalipse de Baruc

Esta é sua filha

NO MOMENTO em que conheci meu marido tive certeza de que ele seria um ótimo pai. Mas também sabia que não poderia lhe dar filhos, pois operei as trompas de Falópio aos 26 anos de idade. E embora nos amássemos muito, não conseguia pensar em me casar com ele sem ao menos tentar resolver o problema.

Tinha ouvido falar em uma cirurgia que poderia reverter a ligação. Mas vários médicos que consultei me disseram que não iria adiantar porque minha cirurgia tinha sido feita por cauterização e não por laqueadura. Afirmaram que as chances de encontrar alguém que pudesse reverter a situação eram mínimas. Já havia procurado dez médicos e nenhum deles pôde ajudar. O décimo primeiro me disse que não poderia fazer a cirurgia mas que conhecia alguém especializado naquele tipo de procedimento. "Se há um médico que pode fazer isso é ele."

Procurei então o especialista, mas era extremamente difícil marcar uma consulta com ele. Sua agenda estava cheia para o resto do ano. Por sorte, consegui um encaixe alguns meses depois e iniciamos uma batelada de exames. Descobri que meus níveis de hormônios estavam excelentes e que tudo estava bem em meu organismo, exceto meus óvulos, que não podiam entrar nas trompas. Por sorte, uma pequena parte delas não havia sido completamente cauterizada e uma cirurgia reparadora poderia ajudar.

Marcamos então a primeira delas. Era um procedimento bastante delicado, que levaria sete horas. Mas durante a cirurgia tive uma parada respiratória. De repente, me senti suspensa no ar, pairando acima de meu corpo. Conseguia ver tudo o que os médicos e enfermeiros faziam, o monitor cardíaco e a agitação da equipe. Meu médico saiu e outro entrou na sala. Eu não entendia por que todos pareciam tão preocupados.

Vi-me então em um local cheio de luz muito brilhante ao meu redor. Meus sentidos pareceram se aguçar e comecei a ouvir uma bela canção. Parecia ser o som da mais pura paz. Não tenho como descrever com palavras o que senti. Era uma sensação de paz que permeava todo o meu ser. Seres de luz se moviam ao meu redor de maneira calma e tranqüila. Não sei de onde tinham vindo, mas de repente percebi que estava segurando uma criança. Alguém atrás de mim disse:

– Esta é sua filha Virgínia.

Olhei para ela e fiquei muito surpresa. Desde criança sonhava em ter uma filhinha loira de olhos azuis. E a menina que eu segurava nos braços era exatamente assim. Meu noivo, Wade, era loiro e tinha olhos azuis.

Olhei para ela e perguntei:

– *Seu nome é Virgínia, então?*

A pessoa atrás de mim confirmou:

– *Sim.*

Virei-me para agradecer, mas nesse instante o monitor cardíaco voltou a indicar batimentos e fui imediatamente puxada de volta para o corpo. Fiquei muito triste por ter de voltar e deixar para trás aquele bebê tão lindo.

Quando acordei, meu médico parecia preocupado e disse:

– Você nos deu um grande susto.

Contei à enfermeira tudo o que aconteceu enquanto estive clinicamente morta. Ela ficou tão desnorteada que derrubou a bandeja que tinha nas mãos. Decidi contar ao médico também e ele respondeu:

– Não acho tão absurdo. Apesar de ser médico, acredito em milagres e tenho vários colegas que também acreditam. Mas, voltando à realidade, depois do que aconteceu, teremos de esperar um bom tempo antes de terminar sua cirurgia.

Quando voltei para casa, telefonei para a enfermeira e disse:

– Vou parar de comer às sete horas todos os dias. Assim você pode me chamar a qualquer momento se uma cirurgia for cancelada. Estou ansiosa para terminar a minha. Diga ao médico para me encaixar caso surja uma vaga. Ficarei aguardando.

Um mês depois eles me chamaram. A cirurgia transcorreu muito bem e logo depois fizemos exames para verificar se minhas trompas estavam abertas. Estavam. Dei então continuidade à preparação da festa de meu casamento com Wade. Agora estava certa de que poderia dar a ele um filho, especialmente depois de ver a pequena Virgínia.

O médico planejava iniciar um tratamento para aumentar a fertilidade seis meses depois da cirurgia. Segundo ele, não havia nenhuma chance de fertilização sem a ajuda de medicamentos. Depois de três meses voltei ao consultório dele e disse:

– Estou grávida!

– Não há a menor possibilidade de isso ocorrer – foi a resposta dele.

– Mas eu estou.

– Não. No seu caso é fisicamente impossível engravidar sem estímulo hormonal específico.

Como meu ciclo menstrual era regular e ainda era muito cedo para se detectar a gravidez por meio de exames, ele me pediu que voltasse em duas semanas. Retornei, fiz os exames e o resultado foi positivo. Tinha certeza de que minha pequena Virgínia estava a caminho. Já tínhamos até decidido que o nome seria Virgínia Rose, em homenagem à minha avó.

O parto foi longo e trabalhoso, mas minha filha nasceu linda, forte e saudável; a imagem perfeita da criança loira e de olhos azuis que segurei nos braços em minha visão.

JOANN B.

Deus explica às almas ainda não encarnadas como é viver na matéria e que, se obedecerem à Torá, retornarão um dia à Sua presença.

Tanhuma Pekude

A fila dos espíritos

SEMPRE me senti uma pessoa insignificante. Desde que me tornei mãe sempre ouvi histórias de outras mulheres sobre espíritos que as visitavam, das mais diferentes maneiras, em resposta às suas preces. Eu achava que jamais seria digna de receber uma visita assim. Mas conforme fui tendo filhos passei a receber várias.

Em meu primeiro parto estava totalmente desperta porque recebi apenas uma anestesia na espinha. Mas não tive medo porque senti que tudo iria correr bem. E estava certa.

Doze meses depois tive de ir às pressas para o hospital para o segundo parto. Só houve tempo para me aplicarem gás anestésico. Enquanto estava sedada, vi um homem vestido de branco parado perto de mim, explicando como os espíritos vêm para o corpo. Logo à sua frente estavam formas que pareciam cartazes em fila, mas não enfileiradas de maneira regular. Algumas estavam bem próximas, outras menos. O homem explicou que aquelas formas representavam os espíritos se aproximando da Terra para receber seu corpo.

Havia um som forte, que se repetia regularmente, e cada vez que isso sucedia, uma das formas se aproximava um pouco mais de nós. Quando uma delas parou bem ao nosso lado, era chegada a hora de um espírito encarnar. Então percebi que o próximo da fila era meu bebê. Fiquei muito contente e nem prestei muita atenção ao que estava acontecendo porque achei que o homem de branco era um médico ou enfermeiro.

Doze meses depois lá estava eu correndo novamente para um hospital. Recebi o gás anestésico e vi mais uma vez o homem de branco explicando as mesmas coisas. As formas se aproximavam, mas, dessa vez, pareciam ser em número menor. Ao acordar, não dei, como da outra vez, muita importância ao fato.

Dois anos depois, quando tive meu quarto filho, a mesma experiência ocorreu, assim como com o quinto. Mas dessa vez resolvi conversar com o homem e disse:

– *Então haverá mais corpos para estes espíritos que estão chegando, certo?*

– *Sim, cada um deles é um espírito que vem ao seu encontro* – ele respondeu.

Nessa época eu já era mais velha e decidi prestar atenção ao que estava acontecendo. Pensei em tudo o que aconteceu daquela e das outras vezes quando acordei. Percebi então que se tratava de um espírito que aparecia e falava comigo, mas eu jamais tinha me dado conta nem tinha comentado sobre a experiência com quem quer que fosse.

O homem dessas visões me transmitia muita paz e serenidade e parecia querer me ajudar a compreender o processo de dar à luz outros seres humanos. Sentia também que nem era necessário comentar sobre o fato com outras pessoas.

Meu marido achava que tínhamos muitos filhos e não desejava ter outros. Ficava chateado cada vez que eu engravidava. Mas eu sentia que Deus desejava que eu tivesse aquelas crianças, pois elas vieram ao mundo apesar de todos os métodos contraceptivos existentes no mercado que eu utilizava.

Quatro anos depois, para nossa surpresa, tive um sexto filho. Como, porém, houve algumas complicações, os médicos decidiram laquear minhas trompas após o parto.

Mas durante o parto tive a mesma visão. Dessa vez havia muito poucas formas se aproximando. Uma estava bem perto e outra distante. Conversei com o homem de branco como se fôssemos amigos de longa data. Ouvimos o som e mais uma forma se aproximou. Percebi, então, e comentei: – *Mas há mais uma forma se aproximando.*

– Sim, haverá mais um corpo para aquela ali.

Quando meu sexto filho nasceu, algo estranho ocorreu. O médico disse que não queria fazer a laqueadura porque eu estava muito inchada e que seria melhor esperar alguns meses. Mas quando saí do hospital nem pensei em retornar. Dois anos depois fui a outro médico e pedi que colocasse um DIU em meu útero.

Quatro anos depois comecei a sentir enjôo todo dia de manhã e descobri que estava grávida. Foi um choque. Meu médico decidiu que desta vez faria a laqueadura. Durante o parto, de minha última filha, vi o homem de branco novamente. E havia apenas uma forma se aproximando de nós. O homem disse: "*Esta é a última. Você não terá mais filhos*". Nós dois sorrimos satisfeitos, e três horas depois minha trompas estavam laqueadas.

Jamais me arrependi ou me senti culpada como muitas mulheres que decidem não ter mais filhos, pois o homem de branco me mostrou que eu aceitara e tivera todos os espíritos das crianças que estavam destinadas a mim.

AUDREY H.

Tudo o que acontece em nossa vida é como uma obrigação ou um pacto que selamos em existências anteriores, obrigações estas que nem sempre percebemos nesta vida. Parecem pertencer a outro mundo e ter características, regras e envolver sentimentos de um universo diferente daquele em que penetramos ao nascer. São próprias do mundo a que retornamos ao deixar este corpo.

MARCEL PROUST

Não plantei, mas recebi dos Céus minha colheita: meus queridos filhos.

CAROL LYNN PEARSON
"*BEGINNINGS*" [COMEÇOS]

O amanhecer na Cidade do Panamá

MINHA FILHA, Cara Lanae, tem nove meses de idade. E até hoje me surpreendo com a conexão que eu já tinha com ela antes de seu nascimento. Orações, meditação e sonhos me levaram, de maneira sagrada e misteriosa, a encontrar finalmente o que tanto desejava no fundo de meu coração.

Nosso primeiro filho adotado, Cory Rafael, nasceu em 5 de setembro de 1990. Mas queríamos mais crianças na família. Entre julho e dezembro de 1992 surgiram mais duas oportunidades de adoção. Entre preces e meditação, porém, Greg e eu fomos orientados a não aceitá-las. Nosso sonho tornou-se cinzento. Era como se tivéssemos perdido filhos queridos que já amávamos. Mas eu confiava na orientação divina e tentava controlar minhas emoções. Resolvemos parar de procurar crianças para adoção no período do Natal.

Em 1º de fevereiro de 1993 tive a intuição de iniciar novamente a busca. Procurei agências e escrevi cartas. Meu coração sentia que havia um bebê esperando por mim. Mas a paciência é um dom que se cultiva.

Durante a quaresma daquele ano, tive diversos sonhos com uma menina ainda bebê. Eram mais intuições do que visões. Uma noite cheguei a visualizar seu nome.

Intensifiquei as preces e a meditação na Páscoa. Minha intuição me levou a entrar em contato com parteiras da região. No início, hesitei, pois não sabia se isso era proibido ou ilegal. Mas no início da primavera, num dia em que Cory (que tinha dois anos na época) e eu saímos para dar uma volta pelas savanas, naquela bela paisagem em meio à natureza, tomei uma decisão. Na mesma tarde entrei em contato com o diretor de uma instituição de apoio a crianças e pedi uma lista de nomes e endereços de contato de parteiras (algo que eu nem sabia que existia). Foi tão fácil conseguir os contatos que, quando a lista chegou às minhas mãos, tive certeza de que estava no caminho certo. Deixei-a sobre a mesa durante o feriado de Páscoa e todos os dias olhava para ela, esperançosa.

Em 11 de abril de 1993, Greg e eu finalmente escrevemos e enviamos cartas a todos os nomes da lista. A ansiedade crescia enquanto esperávamos.

Cheguei a escrever uma história sobre o sofrimento de uma mãe ao entregar seu filho para a adoção e a li em nosso grupo de histórias na igreja. Na noite de 16 de abril eu estava deitada na cama, física e emocionalmente exausta, pensando se realmente encontraria um bebê para adoção. Já não tinha tanta certeza se conseguiria.

Então, às 11 horas da noite o telefone tocou. Senti um aperto no estômago. Era uma parteira da Cidade do Panamá, na Flórida, dizendo que tinha acabado de ajudar no parto de uma menina. A mãe sabia que estávamos procurando um bebê para adoção e lhe pediu que nos telefonasse. Senti que era aquela menina que havia aparecido em meus sonhos e que devia agir imediatamente.

Cinco horas depois, ao amanhecer, chegamos à Cidade do Panamá. Quando a parteira nos viu, disse:

– Parece mesmo uma intervenção divina. – E explicou que raramente se vê situações assim, mesmo em hospitais pequenos como aquele.

Hoje, Carla é uma menina alegre, curiosa e inteligente de nove meses. Para nós, ela é um presente e uma dádiva. Agradeço todos os dias pela oportunidade de ter sido guiada por minhas visões e sonhos até ela. A energia graciosa e feminina que ela irradiava é exatamente a mesma que sentimos hoje em nossa casa.

Foi uma grande lição de fé. Eu tinha esperança de que a criança certa me seria enviada no momento certo e segui minha intuição. O resultado foi a menina linda que tenho hoje e uma ligação com o divino que excedeu todas as minhas expectativas e meus maiores sonhos.

Sally H.

Os bebês são estrelas que brilham nas mãos de Deus. As mães sofrem as dores da maternidade, mas sabem que têm nas mãos as estrelas do céu.

LARRY BARREYFO

"*THE INDISCREET YEARS*" [OS ANOS INDISCRETOS]

Pequeno demais para usar roupas

ENGRAVIDEI de meu primeiro filho no mesmo mês em que me casei. Embora meu marido, Brad, e eu tivéssemos decidido não utilizar métodos anticoncepcionais e considerássemos a possibilidade de ter um filho logo, para mim foi um choque engravidar tão cedo. Tínhamos acabado de nos mudar para outro Estado, longe da família e dos amigos, e ainda não tínhamos arrumado emprego. Nosso namoro durou apenas seis semanas. Depois disso nos casamos e ainda estávamos nos ajustando à nova vida juntos. Eram tantos detalhes e providências a tomar que me senti mal com a gravidez. Além do enjôo durante meses seguidos, tive ataques seguidos de bronquite.

Queria me sentir feliz por estar grávida mas não conseguia, muito ao contrário. A todo instante me pegava praguejando e tinha pensamentos depressivos e de morte. Sentia que não devia ter aquela criança e que seria preferível morrer a continuar com a gravidez. Esses pensamentos me consumiam. Eu não conseguia controlá-los e chorava todos os dias, desesperada.

Uma noite, no quinto mês de gravidez, meu marido fez preces e pediu que o espírito maligno que estava me atormentando se afastasse. Disse também que, daquele momento em diante, eu ficaria feliz com minha gravidez. E que estabeleceria um laço eterno com a criança.

Naquela noite, tive um sonho que mudou minha vida. Eu estava segurando um bebê tão pequeno que suas roupas lhe caíam do corpo. Fiquei preocupada. Não sabia como alimentá-lo porque ele nem sequer tinha nascido. Mas enquanto eu estava ali, olhando-o preocupada, algo incrível aconteceu. Começamos a nos comunicar mentalmente. Ele me apresentava seus pensamentos e fazia perguntas. "*Você e Brad se amam muito, não?*" Respondi que sim, pois nos amávamos mesmo.

"*Vou nascer em um lar de muito amor onde os erros cometidos para com as gerações passadas não irão se repetir comigo, certo?*" Respondi que faríamos de tudo para que houvesse sempre muito amor e carinho em nossa casa. E que lhe daríamos o melhor que pudéssemos, sempre. Ele pareceu ficar muito contente.

Começou então a falar sobre seu corpo físico. Tinha medo de não se acostumar com ele. Expliquei então que haveria um ajuste e que, com o passar do tempo, ele iria gostar. Disse também que um corpo pode sentir dor, mas também prazer.

Acordei, em seguida, com uma sensação muito boa, que me acompanhou a manhã inteira. Senti, depois daquela conversa com meu filho ainda não nascido, que tínhamos estabelecido laços profundos e eternos um com o outro. E, embora ele viesse em um corpo de criança, eu sabia que seu espírito era de um ser adulto, carinhoso, justo e curioso.

Ele teria de aprender a viver neste mundo e a conviver com as dores e as alegrias de um corpo físico. Foi tão bom poder conversar com ele, conhecer um pouco de sua personalidade e a ternura de sua alma! Jamais esquecerei aquele sonho e o sentimento de alegria que tive ao acordar.

Depois desse dia, jamais tive pensamentos negativos ou suicidas novamente, e a alegria da gravidez invadiu minha alma. Dois meses depois tive complicações e meu filho nasceu seis semanas antes do tempo, pesando apenas 1,8 quilo. Mas o sonho ajudou a me preparar para o parto antecipado. E, apesar de tudo, era um menino muito saudável. O único problema era o tamanhinho de seu corpo, tão pequeno que as roupas não paravam nele.

DANA OSGOOD

O Evangelho de Felipe cita Jesus: "Abençoado é aquele que veio antes de ser. Pois é aquele que foi e que será. A grandeza do homem não é revelada, e sim mantida em segredo."

Textos de Nag Hammadi
Provérbios, 57-58

Quando os espíritos se encontram

EM 1963, como todos os estudantes de minha turma do ensino médio, senti-me perdido em meio ao tumulto do Vietnã e de todos os problemas de nossa época. Estáamos todos preocupados, imaginando como tudo aquilo nos afetaria.

Em 1966, conheci Lee na universidade. Ele era presidente do coro masculino. Namoramos juntos duas garotas da turma, Marilyn e sua amiga, Julie. Marilyn e eu ficamos noivos algum tempo depois e eu disse a Lee que ele deveria pensar mais seriamente sobre seu relacionamento com Julie. Os dois se divertiam muito juntos e formavam um par perfeito. E, embora gostasse dela, Lee não parecia querer se envolver demais.

Em 1967, nossas notas na faculdade estavam baixas. Os professores nos alertaram, dizendo que se a situação não se modificasse acabaríamos perdendo o ano. Passamos a estudar mais e, no final do bimestre, minhas notas haviam melhorado. Mas as de Lee não tinham.

Em 19 de junho de 1967, Marilyn e eu nos casamos. Lee foi à festa, e Julie ajudou a organizar tudo.

Lee entrou para o Exército em 6 de agosto de 1967 e se destacou de tal maneira que resolveu fazer os exames para estudar na Academia de Oficiais. Passou, fez o curso e foi para a Escola de Guardas Florestais em maio de 1969, onde se graduou com honras.

Quanto a mim, continuei o curso na universidade e durante os três anos seguintes Marilyn e eu tentamos aumentar a família. Consideramos a idéia de adotar uma criança, demos entrada ao processo e fomos aprovados, mas acabamos mudando de idéia. Em outubro de 1969 minha esposa anunciou que estava grávida e que o bebê nasceria em junho de 1970. Ficamos muito felizes e queríamos compartilhar nossa alegria com todos os nossos amigos.

Lee veio para casa durante seu período de licença em dezembro de 1969. Naquela época, eu estava lecionando. Levei meu amigo comigo para a escola e o fiz dar palestras em todas as minhas aulas. Ele falou sobre sua carreira nas forças armadas norte-americanas e sobre sua vida como cristão. Suas palavras tocaram o coração de meus alunos e o meu.

Depois do Natal, ele veio ao nosso apartamento para fazer uma última visita antes de ir para o Vietnã. Comemos, conversamos, brincamos e relembramos os velhos tempos. Enquanto minha esposa saiu da sala por um instante, Lee me disse:

– Roy, hoje vim aqui para me despedir. Tenho de ir agora. Quero agradecer de coração por sua amizade. Parto agora para outra missão e sei que não irei retornar.

Fiquei olhando para ele, tentando entender o que ele queria dizer. Depois o abracei e também agradeci por sua amizade.

– Lee, cuide-se bem, pois logo estarei com você – eu disse. Em 23 de março de 1970 eu também iria para o Exército. Já estava escalado para ser 2º tenente e receberia treinamento para ir ao Vietnã no ano seguinte.

Em 30 de abril de 1970, o presidente Richard Nixon anunciou que as tropas norte-americanas tinham iniciado uma ofensiva contra as bases comunistas no Camboja. A Primeira Divisão de Cavalaria e a Força Aérea da Armada da República do Vietnã, que contavam com mais de 40 mil tropas, iniciaram suas operações.

A unidade de Lee participou da ação ofensiva. Em 9 de maio, iniciaram a invasão. Lee estava se deslocando de sua posição para ajudar um de seus soldados que tinha sido ferido quando foi morto por uma rajada de balas. Como estava em solo inimigo no Camboja, seu corpo só foi enviado alguns dias depois e chegou aos Estados Unidos em 20 de maio.

Entre terça-feira, 14 de maio e segunda-feira, 18 de maio, sonhei com Lee durante três noites consecutivas. No primeiro sonho, vi-o vestido de branco, sentado em uma cadeira, sorrindo e olhando para uma área escura e distante. Acordei assustado e não entendi o que aquilo poderia significar.

Na noite seguinte, o sonho se repetiu, mas dessa vez olhei em direção à área escura e vi um pequeno ponto de luz, que foi se ampliando e se tornando muito brilhante, e que se aproximou de Lee. Ele continuou sentado na cadeira, mas dessa vez abriu os braços como se fosse abraçar alguém. Acordei novamente, sem entender o porquê daqueles sonhos.

Na terceira noite, o mesmo sonho se repetiu, porém dessa vez a luz que saiu da escuridão tinha a forma de uma linda garotinha de olhos azuis e lindos cabelos loiros. Era a criança mais linda que eu já tinha visto. Correu para os braços de Lee, que a pegou no colo e começou a falar sobre mim, sobre minha esposa e sobre minha casa. Percebi, então, que ele estava falando com minha filha. Ele ria, brincava com a menina e ela respondia. Acordei com lágrimas nos olhos, ciente de que tinha visto o espírito de minha futura filha. Lee estava dando a ela as últimas instruções e detalhes sobre a família antes de seu nascimento.

A nota de nascimento de Cherilee foi publicada no jornal em 19 de maio de 1970, dois dias antes do óbito de Lee. Um de meus maiores tesouros nesta vida é uma foto de nossa filha, Cherilee, com os cabelos louros e encaracolados, os olhos brilhantes e azuis e um sorriso maravilhoso, exatamente como a vi ao lado do meu amigo Lee quando ele estava deixando a Terra e ela estava se preparando para vir ao mundo.

ROY CALDWELL

De onde vens? Qual vossa origem? Que fazes aqui? Sabes, por acaso, que és uma fagulha da divindade, lançada do fogo de Seu eterno resplendor, oriundo de Sua chama eterna?

John Taylor

Cada criança que nasce traz consigo a mensagem de que Deus jamais perdeu sua confiança no homem.

TAGORE

Uma carta para meu filho

O TEXTO seguinte é a carta de uma mãe ao filho que ela entregou para adoção logo após o parto. Deixou a carta aos cuidados dos pais adotivos para que eles a entregassem ao menino quando ele tivesse idade para entender. E fez algumas alterações na versão que nos enviou para tornar o texto mais claro.

"Meu querido filho:

Não sei como você se sente com relação a mim e quanto à minha decisão de tê-lo entregado à adoção, mas confio em seus pais adotivos e acredito que tenham escolhido o momento mais apropriado para lhe contar sobre seu nascimento. Quando engravidei de você, meu relacionamento com meus pais havia sido muito afetado por causa de meu estado. Eu tinha acabado de fazer 17 anos.

Só consegui contar a eles porque tive o apoio de uma pessoa da igreja de nossa comunidade. Então, depois de muita discussão, aconselhamento, preces e avaliação de todas as possibilidades, tomei a decisão de entregá-lo à adoção. Meus pais achavam que seu pai e eu éramos jovens demais para nos casar e me enviaram à casa de uns conhecidos em outro Estado até você nascer. Hoje entendo que fizeram isso para meu próprio bem, mas na época revoltei-me e achei que estavam me mandando embora para esconder sua vergonha. Não queria ir de maneira alguma e tentei de toda maneira fazê-los mudar de idéia.

Sempre fui contra o aborto, mas com toda a pressão que sofri confesso que cheguei a pensar nisso algumas vezes. Se removesse o bebê de meu útero poderia simplesmente retomar minha vida e tudo voltaria a ser como era antes, sem problemas, sem lágrimas, sem vergonha. Não teria de enfrentar meus erros.

Parecia ser a solução ideal. Não que eu gostasse da idéia, mas naquele momento o desespero era muito grande. Eu tinha de agir rápido, pois meu vôo estava marcado para dali a alguns dias. Telefonei para diversas clínicas, mas nenhuma delas tinha horário disponível até a semana seguinte.

Acabei desistindo. Depois da última tentativa, desliguei o telefone, exausta, fui para meu quarto, apaguei a luz e me encolhi na cama. Chorei até adormecer. Já faz muitos anos, mas me lembro daquele dia como se fosse hoje.

Sonhei que estava a poucas semanas do parto, deitada na maca de um consultório esperando para ser examinada pelo médico. Ele queria saber se você estava se desenvolvendo normalmente, qual era o seu peso e suas medidas. Fez uma incisão em meu abdome e tirou você de meu útero. Mediu, pesou e concluiu que você estava se desenvolvendo muito bem. Por um lado, gostei de vê-lo, mas por outro tive vontade de pedir ao médico que não o colocasse de volta em meu útero; que simplesmente me costurasse para eu poder ir embora e ficar em paz.

Então algo maravilhoso aconteceu. Você se virou para mim e esticou os bracinhos com os olhos cheios de lágrimas. Não resisti e tive de pegá-lo no colo. Você se aconchegou em mim e me abraçou com a força de um adulto, sem querer largar. Senti seu desespero e sua vontade de continuar vivo. Percebi naquele momento que deixar a gravidez continuar seria nada mais que um pequeno sacrifício de minha parte. O médico e o consultório desapareceram e ficamos só nós dois ali, abraçados e unidos.

Quando acordei na manhã seguinte, contei à minha mãe sobre o sonho. E disse a ela que havia me decidido: aquela criança tinha o direito de nascer e experimentar as dores e também as alegrias da vida. Meu querido filho, pode acreditar que o amo muito!

Pensei na possibilidade de ficar com você e criá-lo, mas havia muitos fatores e dificuldades pesando contra mim naquele momento. Cheguei a orar pedindo para que você ficasse comigo, mas no fundo sabia que não era a melhor decisão. Sei que entregá-lo à adoção foi a melhor escolha, mas também foi a coisa mais difícil que já fiz em minha vida. Você era um bebê tão lindo e eu já o amava tanto!

Sabia que um casal que quisesse ter filhos mas não pudesse iria criá-lo com muito amor e carinho e com condições melhores do que as minhas. Se ficasse comigo, sua vida seria cheia de vergonha, culpa, dor e você não teria um pai para amá-lo como seu pai adotivo o ama hoje.

Acredito que nossos filhos são, de alguma maneira, destinados a nós antes mesmo de virmos a este mundo. Ao desistir de ficar com você, temia estar perdendo para sempre a chance de ter um filho. Mas, por outro lado, fiquei imaginando o que acontece com casais que querem ter filhos mas não conseguem devido a impedimentos físicos. Será que nenhuma criança foi destinada a eles no outro mundo? Com certeza foi, porém pela adoção. Esse pensamento veio a mim como um alívio e uma resposta às minhas dúvidas. Percebi que podia estar carregando em meu ventre uma criança destinada a outro casal. Filho, espero que você entenda. Embora eu seja a pessoa que o trouxe ao mundo, seus pais de verdade são os que o adotaram.

Meu maior desejo seria poder ver você crescer e se tornar um belo rapaz, mas no fundo sei que tomei a decisão certa. Espero que algum dia, na eternidade, possamos nos encontrar novamente. Amo você e sempre o amarei muito.

Sua mãe."

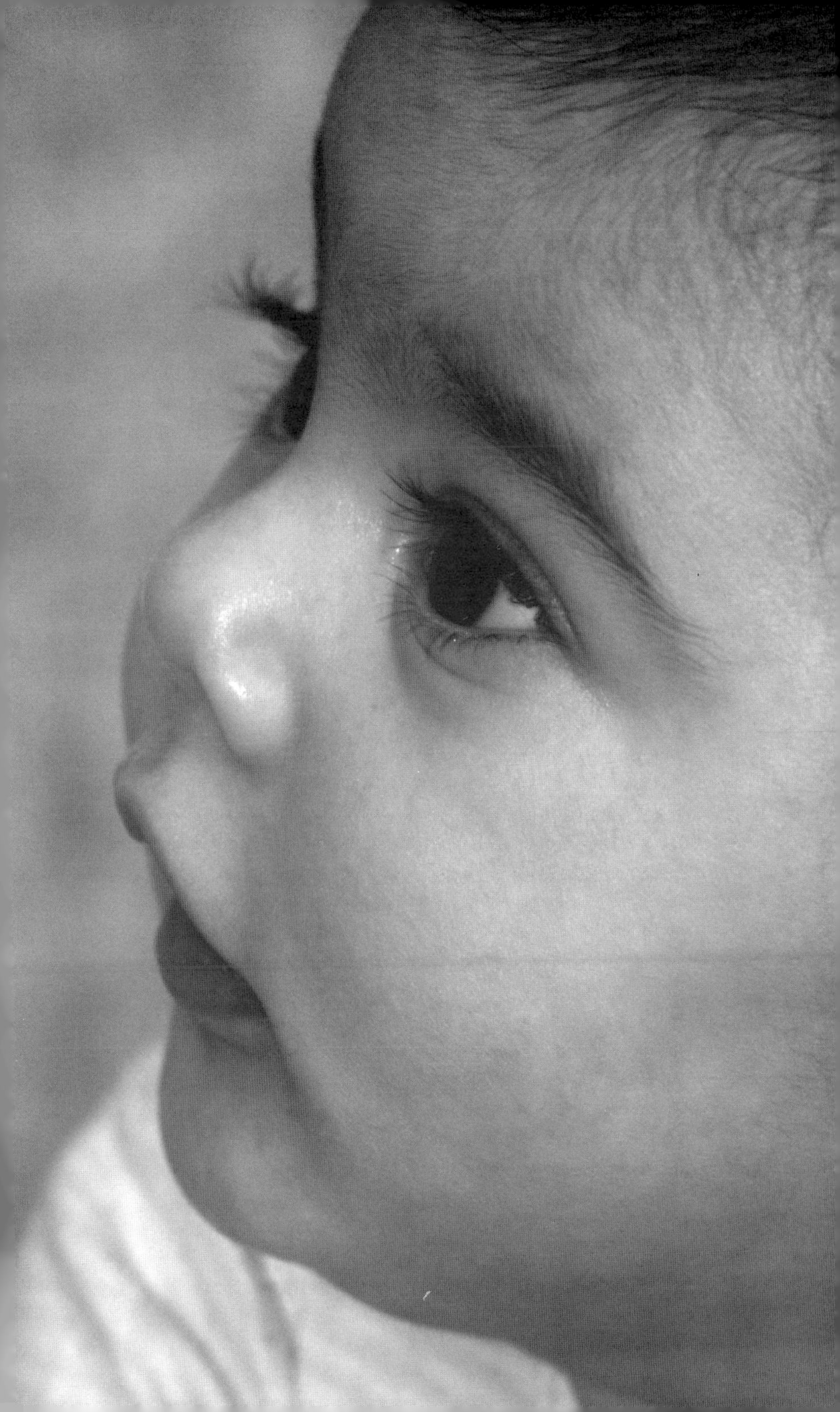

Ele é o Pai de nosso espírito e se pudéssemos entender e realizar Seus desejos, cada alma estaria pronta para retornar à Sua presença. E, ao chegar lá, reconheceria o local onde viveu durante séculos: cada canto, cada vila, cada palácio e cada jardim. Abraçaria o Pai, que lhe diria:

– Meu filho, minha filha, como é bom tê-lo(a) de volta.

E a pessoa lhe diria:

– Meu Pai, meu amado Pai, aqui estou novamente.

Journal of discourses, Vol. 4: 268

A escolha foi minha

AOS 17 ANOS me apaixonei, mas o relacionamento não deu certo e entrei em depressão. Desesperada, comecei a sair com um rapaz que, com o tempo, se mostrou controlador e agressivo, tanto física quanto emocionalmente. Eu tinha medo dele. Queria me afastar mas não sabia como. Ele me vigiava constantemente.

Um dia estávamos no carro, saindo de uma rodovia, quando discutimos e ele se tornou bastante violento. Mas teve de reduzir a velocidade por causa de um sinal vermelho e, num impulso, abri a porta do carro e saltei. Corri então para a calçada, pulei sobre uma cerca e me escondi entre as árvores e plantas de um jardim. Como estava muito escuro, ele não me encontrou.

Eu me sentia cada vez pior. Minha vida não tinha mais sentido. Já fazia dois anos que era maltratada e agredida por aquele homem. Naquela noite pensei seriamente em me suicidar enquanto estava escondida no jardim. Não queria voltar para casa e continuar naquela situação. De repente, comecei a ouvir uma voz muito nítida ao meu lado dizendo: "*Não é somente com sua vida que você deve se preocupar agora*". Fiquei assustada. Olhei ao redor tentando ver de quem era a voz mas não havia ninguém ali. Dali a alguns instantes ouvi-a novamente: "*Há algo mais a considerar: a vida de outra pessoa*". Por incrível que pareça, dessa vez não me assustei. A voz me acalmava. Era como se houvesse alguém ali cuidando de mim. Recuperei as esperanças. Eu sabia que estava em segurança.

Ainda assim não entendi a mensagem. O namorado que me maltratava tanto era dez anos mais velho que eu, já tinha morado com uma mulher antes e os dois tinham tentado ter um filho, sem sucesso. Mas logo depois de se separarem ela engravidou de outro homem. Por isso, eu imaginava que jamais engravidaria dele. Mas algumas semanas depois de aquela voz falar comigo no jardim entendi a mensagem. Eu estava esperando um bebê.

Senti o espírito da criança dentro de mim durante toda a gravidez, sabia que era um espírito forte, um professor e um ser de grande sabedoria. Tentei convencer seu pai a se modificar, mas só fazíamos discutir o tempo todo. Um dia, estávamos no carro brigando por causa de um hambúrguer quando uma luz se acendeu em minha mente. Pensei: "O que estou fazendo aqui? Não quero estar com ele. Por que deixo que ele me trate assim? Quem é ele, afinal?" Olhei para ele e vi uma pessoa estranha e totalmente diferente de mim. Saí do carro e fui andando sem olhar para trás. Ele nem tentou me seguir. Foi o fim do relacionamento.

Fui procurar meus pais, que me encaminharam para a casa de uma família onde eu poderia ficar durante o restante da gravidez, até a criança nascer e eu a entregar para adoção. Era uma família alegre, e a casa emanava muito amor. Fui tratada com todo o carinho e tive bastante tempo para pensar e refletir sobre minha vida. Quando cheguei ao oitavo mês de gravidez, não conseguia mais pensar em me separar de meu filho. Mas o que aconteceria se ficasse com ele? Como iria criá-lo?

O assistente social com quem eu conversava sempre era muito atencioso e dizia:

– Se você ainda não tem certeza do que fazer, espere até o bebê nascer. Talvez até lá você tenha se decidido.

Na mesma época, encontrei um amigo de infância, que tinha ido estudar em outra cidade e estava de volta. Contei a ele o que estava acontecendo e ele me deu apoio e me consolou. Passamos a nos falar quase todos os dias. Anos depois ele me contou que torcia muito para que eu não desistisse da criança.

Nas últimas semanas antes do parto, eu orava muito pedindo uma orientação sobre o que fazer com a criança. Uma noite, sonhei que estava em um local muito bonito. Era um parque cheio de árvores, havia uma cachoeira, flores douradas e uma luz intensa e celestial. Vi então três crianças paradas perto de mim. Uma delas estava um pouco mais para trás. Era uma menina, mais alta que os outros. Parecia até mais velha devido à sua altura. Senti que aquelas três crianças eram meus filhos. Uma estava para nascer e os outros ainda viriam no futuro.

Perguntei a eles:

– O que devo fazer? Devo ficar com este bebê?

A mais velha se aproximou e disse:

– Não faz diferença, desde que eu nasça.

Percebi então que estava falando com a criança que carregava em meu ventre. Ela parecia mesmo não se incomodar desde que pudesse vir à Terra. Disse que ficaria bem independentemente do que eu fizesse: doá-la para adoção ou não. Estava muito calma e conversou comigo durante um bom tempo. E repetiu várias vezes a mesma mensagem. A escolha era inteiramente minha.

Acordei com uma sensação de grande paz, mas ainda sem saber o que fazer. Algumas semanas depois a criança nasceu. Foi um parto muito tranqüilo e sem sofrimento. O médico limpou a menina, enrolou-a em uma manta e, quando a estava colocando em meus braços, ela olhou para mim e disse "mãe" tão alto e claro que todos os médicos e enfermeiros na sala ouviram e ficaram espantados. Sabiam que eu estava pensando em entregar a criança para ser adotada. Quando olhei para aquele bebê tão lindo que tinha acabado de me chamar de mãe me senti como se eu também tivesse acabado de vir ao mundo como um ser humano novo, puro e inocente.

A menina começou a chupar as mãos. Queria mamar. Mas os enfermeiros não me deixariam amamentá-la a menos que eu decidisse se iria ou não ficar com ela. Vieram buscá-la e disseram que o momento da escolha havia chegado. Saíram, então, e me deixaram sozinha.

Comecei a orar. De repente me vi em uma estrada que se dividia e agora eu tinha duas possibilidades. Em uma das direções eu me via dali a alguns anos como uma executiva de sucesso em um escritório elegante porém me sentindo vazia e infeliz. Na outra eu era uma mãe jovem que manteve a criança. Éramos pobres mas muito felizes. Compreendi, então, qual era a melhor escolha. Ficaria com minha filha.

Sete meses depois me casei com o amigo que havia reencontrado e que torcia para que eu ficasse com o bebê. Ele é um pai muito amoroso e dedicado. Cuida de minha filha como se fosse sua.

Minha menina tem hoje dez anos. É uma criança carinhosa, prestativa e muito sábia. Tem três irmãos mais novos, um pai maravilhoso e uma mãe cuja vida agora faz todo sentido.

NOME OMITIDO POR SOLICITAÇÃO
DA AUTORA DO TEXTO.

O próprio Espírito se une ao nosso espírito para testemunhar que somos filhos de Deus.

Romanos, 8: 16

Nosso neto

EM 1981, tive uma experiência espiritual que começou enquanto estava na cozinha lavando a louça. Ouvi uma voz divina me dizendo para telefonar para minha filha, Michele.

E respondi:

– *Mas, Senhor, Michele está na escola.*

A voz repetiu suas palavras com mais intensidade ainda:

– *Telefone para Michele!*

Enxuguei então as mãos, fui até o telefone e disquei o número de seu quarto na universidade. Para minha surpresa, ela atendeu.

– Michele, algo estranho aconteceu. Ouvi uma voz me dizendo que devia telefonar para você. Está tudo bem?

Ela ficou em silêncio por alguns instantes e depois respondeu:

– Acho que estou grávida.

Tentei confortá-la e disse que sentia muito. Ficamos mais algum tempo conversando. Quando desliguei, orei e pedi ao Senhor que interrompesse aquela gravidez. Ouvi claramente Sua voz respondendo: "*Não. Este bebê é uma pessoa de grandes qualidades e será uma bênção para o mundo*".

Nossa filha Michele era a mais velha e sempre teve um lugar especial no coração de seu pai. Eu não sabia como dar a ele aquela notícia. Ele estava na banheira quando terminei a conversa, então fui até lá, sentei-me e comecei a falar. Contei que ela estava grávida e que viria para casa dentro de alguns dias para descansar. Ele ficou preocupado com a filha, mas também muito desapontado com a notícia.

Pedi então a ele:

– Não diga a ela que está decepcionado. Isso vai magoá-la muito.

Quando Michele chegou, seu pai a cumprimentou como sempre, com um abraço e um beijo. Então se afastou um pouco e disse:

– Filha, estou decepcionado.

Fiquei apreensiva, imaginando que ela começaria a chorar ou algo assim, mas ela simplesmente respondeu:

– Papai, eu é que ficaria desapontada se você não dissesse como está se sentindo.

Algum tempo depois dessas experiências, Joshua, nosso netinho, veio se juntar à família. É um menino extremamente inteligente e se tornou mesmo uma grande bênção para nós. Toca trombone e tuba na banda da cidade, estuda canto e é solista em um coro. Sua voz é maravilhosa e afinada como a de um anjo.

Ruby Washington
Escolhida Mãe do Ano nos EUA em 1992

Somos simples gotas de água tentando voltar à nossa fonte, ao local de onde viemos.

Dannion Brinkley e Paul Perry
Saved by the light [Salvos pela luz]

O castelo onde mora Jesus

ROD E EU nos casamos em 15 de março de 1979. Ele tinha dois filhos: Brandon, de cinco anos e Nicole, de três, de um casamento anterior. Mas quando nos casamos decidimos ter um filho também. Terra, de 13 anos, acredita muito em Jesus.

Dois anos, quatro horas e trinta e dois minutos depois de ela vir ao mundo, Chad Clifford, nosso quarto filho, nasceu. Desde pequeno sofria muito com cólicas e estava sempre gripado. Vivíamos com ele no médico. Em outubro de 1982 foi internado com pneumonia. Recuperou-se rapidamente, mas eu quase enlouqueci.

Em novembro de 1983 uma bala passou de raspão na nuca de nossa filha Nicole durante a temporada de caça a faisões na região. Não houve lesão mas o susto foi grande. Ela tinha oito anos de idade.

Pouco depois entrei em depressão. Meu marido estava sempre fora, ocupado com a construção de nossa nova casa a alguns quilômetros de distância de nosso apartamento. Enquanto isso, eu tentava superar alguns "traumas" de infância. Mas em 22 de dezembro tive um sonho que mudou minha vida.

Registrei todos os detalhes em meu diário: 23 de dezembro de 1983.

"Noite passada sonhei com uma linda menina. Estava em um quarto cheio de quadros na parede e sabia que eram de meus parentes. Reconheci a foto de minha bisavó Watts, que morreu logo depois de eu nascer, de minha tia Adele, que ainda está viva e de minhas irmãs. Também havia retratos de minhas filhas, mas uma delas eu não reconheci.

Virei-me então para uma mulher que achei ser minha tia, mas não me lembro qual o seu nome, apenas que tinha longos cabelos negros, e disse:

– Quem é esta menina na foto?

– É sua filha Jessica – ela respondeu."

Na época, eu não tinha uma filha chamada Jessica. Mas depois desse sonho eu soube que ela viria.

Em 1984, recebi uma bolsa de 1500 dólares da Universidade de Chevron. Fiz o curso e me graduei em jornalismo.

Três anos depois, em abril de 1986, já tinha me esquecido do sonho. Eu estava voltando um dia de carro para casa com Chad, que na época tinha quatro anos. Ele gostava de ir no banco do passageiro ao meu lado, contando como tinha sido seu dia e como estava se sentindo.

Quando saímos da via expressa, ele me disse:

– Mamãe, lá está o castelo.

– Que castelo? – perguntei.

– O castelo onde morei antes de vir morar com você.

– Conte-me mais sobre o castelo – pedi, intrigada.

– É um castelo muito bonito. Jesus mora lá. Eu ficava observando você, papai, Bruffy (Brandon), Nicki e Terra de lá. Agora minha irmãzinha está nos observando e chorando com medo de que você a esqueça. Está esperando há muito tempo para nascer em nossa família e não quer ser esquecida.

Fiquei boquiaberta.

Naquela mesma noite, ao voltar para casa, meu marido me pediu para termos outro bebê. Eu sentia fazia muito tempo que havia outra criança pronta para vir à nossa família. Fiquei irritada com aquilo. Não queria ter outro bebê e achava que Deus e minha família estavam contra mim.

Desci, então, para tirar o pó da sala e encontrei meu diário. Abri a página de 23 de dezembro de 1983 e li sobre o sonho. Orei, pedindo que minha filhinha chegasse logo.

Dois meses depois, em junho de 1986, fomos acampar e tivemos uma conversa em família enquanto estávamos nas montanhas. Perguntamos às crianças o que elas achavam de ter mais um irmão. Elas adoraram a idéia. Se fosse uma menina, Brandon queria que se chamasse Jessica. Nicole queria que fosse Jennifer. Então Terra sugeriu Jennica, uma combinação dos dois e Chad aprovou. Nem chegamos a pensar em nomes de meninos.

Em outubro de 1986, engravidei. Tinha certeza de que era uma menina, embora Rod insistisse que seria menino.

Jennica Sherrie nasceu em 17 de junho de 1987.

Quando começou a falar, mencionava sempre sua avó Liz. Às vezes eu a pegava conversando com ela quando ninguém estava olhando. E ela dizia sempre:

– Vovó Liz disse isso, vovó Liz disse aquilo...

Um dia perguntei a ela qual era a aparência de vovó Liz. Jennica respondeu que era uma mulher de idade com cabelos longos e negros.

Em junho de 1991 fomos acampar perto de um lago e passamos alguns dias com os pais de Rod. O céu estava nublado e fazia muito frio para as crianças brincarem na água. Acabei levando a mãe de Rod e as crianças para visitar um cemitério que ficava ali perto onde estavam enterrados alguns parentes. Apesar de ser um passeio estranho, elas estavam animadas porque nunca tinham visitado o lugar.

Quando estávamos chegando, Jennica, que tinha quatro anos na época, ficou agitada e começou a repetir "vovó Liz, vovó Liz".

Quando estacionei e abri a porta, Jennica saltou sobre mim e saiu correndo pelo cemitério.

Saí correndo logo atrás. Ela foi direto a uma lápide com o nome Elizabeth Kearl, que tinha a foto de uma mulher tentando não sorrir, de cabelos negros presos em um coque. Era a "tia" que eu tinha visto em meu sonho oito anos antes. Jennica disse: "Eu amo você". E acariciou o retrato.

Virou-se então para mim e disse:

– Mamãe, vovó Liz está no Céu.

Depois desse dia, Jennica jamais falou novamente com sua avó Liz ou mencionou seu nome. Duas semanas depois, ela estava me ajudando a guardar a louça, quando de repente olhou pela janela e começou a acenar.

– Para quem você está acenando? – perguntei.

– Estou acenando para Jesus. Ele está no castelo – ela respondeu.

– Que castelo?

– O castelo em que eu vivia antes de vir morar com você. Fiquei muito feliz porque você não me esqueceu – disse enquanto acenava.

LORETTA P.

> *Além do que tivemos nossos pais segundo a carne, para nos corrigirem, e nós os reverenciamos; não nos sujeitaremos muito mais ao Pai dos Espíritos, para vivermos?*
>
> Hebreus, 12: 9

Eu falava outra língua

– AH, MEU DEUS, onde estou? Está tão cheio de gente e escuro aqui!

– Tenha calma, não entre em pânico. Logo você iniciará uma importante missão de vida – respondeu uma voz suave e feminina.

– Você vai comigo?

– Vou ficar com você durante algum tempo.

Como fazia bem ouvir aquela voz!

– Você estará bem ocupado aprendendo tudo sobre seu novo mundo e logo vai se esquecer desta vida e da linguagem que usamos para nos comunicar aqui.

– Não, jamais me esquecerei! Já me disseram que isso iria acontecer, mas não me esquecerei de você nem da língua que usamos.

– Este é o desejo do Pai – continuou a voz. *– Esta família vai amá-lo muito. Estão ansiosos por sua chegada.*

– *Não sentirei medo se você ficar comigo.*

Continuei conversando, então, com aquela pessoa de voz tão melodiosa e tranqüila. Deixei de sentir medo ao ouvi-la falar de minha "nova vida" e de como a experiência seria importante.

– *Todos devemos passar por esse tipo de vivência para ver se conseguimos seguir realmente os mandamentos de Deus.*

Enquanto conversávamos, o tempo parecia nem existir... mas logo em seguida a voz me avisou que havia chegado a hora.

Era uma manhã de domingo, por volta das nove e meia. O dia estava lindo, e a luz do sol entrava pela janela, inundando o quarto em que me encontrava, ao lado de minha mãe. Eu sabia que era minha mãe porque a voz me disse. Era muito bom estar ao lado dela, sentir seu cheiro e seu calor. A luz no quarto era bem intensa e eu não queria abrir os olhos. De repente, algumas pessoas que estavam no quarto me pegaram no colo e foram me passando de mão em mão e me examinando até que finalmente fui entregue de volta à minha mãe. Foi muito bom me sentir de novo em seus braços. Essas pessoas faziam sons esquisitos e agiam de maneira estranha. Eu não conseguia entender o que elas diziam. Comecei a sentir uma imensa solidão e chorei com toda a força de meus pulmões. Minha mãe me aconchegou novamente em seus braços e me confortou. Aos poucos, fui me sentindo melhor. Mas as pessoas me pegaram novamente no colo e foram me passando de uma para outra. Sentia-me melhor quando as moças me pegavam. Seu toque era mais suave que o dos rapazes. Mas não conseguia entender uma só palavra do que diziam e comecei a chorar novamente.

– *Por que está se sentindo tão sozinho?* – perguntou a voz.

– *Porque eles estão falando uma língua que não entendo.*

– *Logo irá entendê-las e esquecer a linguagem que utiliza agora* – disse ela, tentando me consolar.

– *Não. Não quero me esquecer de nossa língua nem de você.*

– *Sim, vai se esquecer. E deve tentar aprender a língua que as pessoas ao seu redor estão falando. Agora tenho de ir embora. Não voltarei mais.*

– *Ah, não. Por favor, volte, nem que seja só uma vez.*

Eu sentia que não iria suportar sua ausência. Ela concordou em voltar e retornou algum tempo depois. Implorei, então, que não me deixasse esquecê-la nem a língua que falávamos.

Durante muito tempo ainda mantive meu idioma original e ia, aos poucos, comparando as palavras com as do idioma das pessoas ao meu redor. Com o tempo, me envolvi e me entusiasmei tanto com as coisas maravilhosas que aprendia e com o amor de minha mãe, de meu pai e de meus irmãos que já não tinha tempo de comparar e de me lembrar de tudo. Mas sei que havia duas línguas e que, durante um bom tempo, eu conhecia as duas.

A experiência que acabo de descrever é verdadeira. Lembrei-me dela quando orei pedindo luz e orientação ao escrever a minha história de vida.

GWENEVERE D. HULSE

Uma criança da Terra e do Céu Estrelado
Sou
Mas a raça do Céu é aquela a que realmente pertenço.

FRASE GREGA ATRIBUÍDA A ORFEU, 500 A.C.

Lembranças eternas

SOU ASSESSOR empresarial e escritor. As lembranças que descrevo a seguir são algo que trago comigo a vida toda.

Meu corpo físico nasceu em 11 de setembro de 1939, o dia em que Hitler declarou guerra à Polônia. Nasci em uma família de classe média alta do sul de Jacksonville, na Flórida. Vivi os primeiros seis anos de minha vida na casa de minha avó, no interior. Era uma daquelas construções seculares, imensas e sólidas e ocupava seis hectares de terra. Portas francesas, de vidro, separavam a sala de visitas do quarto de minha mãe, e a sala de estar ao lado foi transformada em um quarto para mim. Ao lado de meu berço ficava uma cadeira de balanço, que se tornou muito importante para mim. Mas estou me adiantando muito na história. Voltemos a um período anterior, antes de minha concepção.

Embora seja um tanto difícil descrever em termos terrestres, minhas lembranças se estendem para além desta existência, antes da existência neste planeta. Assim como nesta vida no plano físico, lembro-me das experiências de crescimento, aprendizado e desenvolvimento que tive antes. E chegou o momento em que senti que deveria deixar o plano cósmico e iniciar um estágio de aprendizado (quase uma graduação, por assim dizer) em uma nova esfera.

Na hora de partir, vi-me na borda de um precipício sem fim. Os Grandes Sábios esperaram pacientemente que eu decidisse saltar por vontade própria para a nova vida. Respirei fundo, mas me senti sem coragem ali, parado, oscilando entre dois mundos: aquele tão familiar em que eu vivia e o novo e vasto universo que se descortinava à minha frente.

Mas chegou a hora e não havia mais como esperar. A mãe-Terra estava pronta para me receber. Senti alguém me empurrar de maneira suave mas decidida. Então me senti passar de um estado de total expansão no espaço cósmico para uma grande queda e uma espécie de contração a uma velocidade vertiginosa, talvez maior que a velocidade da luz. Minha consciência pareceu se apagar por um instante.

Quando acordei, parecia estar em um estado de sonho, enclausurado em um corpo nebuloso (mais denso que meu corpo espiritual), envolvido e flutuando na presença radiante de um novo ser. Sentia-me protegido e confortável naquele ambiente morno e acolhedor.

Eu ouvia, às vezes, frases e sons que repercutiam em minha mente e explodiam em diferentes tons e cores. Percebi, com o tempo, que estava aprendendo a linguagem de meu novo ambiente e que os órgãos humanos, associados a sentimentos e pensamentos, estavam se desenvolvendo em mim. Ainda não tinha consciência plena do mundo físico, mas sentia meu corpo, no início nebuloso, tornando-se mais denso e tomando forma.

Depois de várias semanas, contadas em tempo terrestre, comecei a ter consciência, por intermédio de meu corpo físico (feto), de um ser espiritual próximo da presença radiante (minha mãe). Hoje sei que se tratava do espírito de meu bisavó Appolus. À medida que meu corpo se tornava mais denso (crescia) e minha consciência se ampliava, a presença de meu bisavô se manifestava com mais intensidade em sua forma humana; eu sentia a energia de sua aura. Lembrava-me claramente dele de minha vida anterior, no mundo espiritual. Após sua morte, ele voltou ao nosso lar espiritual, onde nos encontramos muitas vezes antes de minha partida para a Terra. Era muito bom sentir seu carinho naquele momento, pois a transição do Céu para a Terra é um processo difícil e traumático.

Bisavô Appolus continuou a me visitar. Pegava meu corpo espiritual, agora em forma de bebê humano, me abraçava, se sentava comigo na velha cadeira de balanço e me ensinava inglês. Ele estava me preparando para a existência humana, transmitindo-me palavras e me mostrando imagens e símbolos para que eu os compreendesse. Ensinou-me uma série de palavras, frases e conceitos da língua, que me permitiriam reconhecer objetos físicos e entender as pessoas quando tivesse a consciência mais desenvolvida.

E chegou, finalmente, o dia em que me tornei consciente de minha realidade física. A partir de meu nascimento, as portas do mundo espiritual, nosso eterno lar, se fecharam atrás de mim. De repente, me vi envolvido em um corpo físico e circundado por objetos físicos, não conseguia mais falar com meu bisavô! Tive de tomar coragem e enfrentar o novo mundo, preso em um pequeno e frágil corpo à mercê de seres de corpos maiores... dependendo deles para sobreviver.

Embora meu bisavô já tivesse me ensinado a língua inglesa antes de eu nascer, não consegui falar ou pronunciar nenhuma palavra durante meses. Desenvolvera apenas a faculdade de organizar e vocalizar meus pensamentos de maneira inteligente, o que me ajudou a dominar mais facilmente minha voz física. Lembro-me de um dia, quando eu tinha um ano e meio de idade e estava engatinhando pelo chão, me sentindo muito só e observando as pessoas muito grandes comparadas com meu pequeno corpo. Eu sentia muita falta de meu bisavô Appolus. Então, para a surpresa de todos, consegui expressar meus pensamentos pela primeira vez:

– Onde está o homem barbudo? Para onde ele foi?

Os adultos ficaram abismados. Na época, eu não sabia da identidade terrena de bisavô Appolus. Ele tinha falecido em 1924, 15 anos antes de eu nascer. Tudo o que eu conhecia era a presença radiante, que me ajudou a encarnar na forma humana.

Hoje fico imaginando o susto que todos levaram ao ouvir um bebê de um ano e meio se mostrar tão consciente e articular frases com fluência e coerência. Bem, dali por diante continuei falando e importunando a todos, perguntando o tempo todo sobre o "homem barbudo". Queria de toda maneira ver Appolus novamente. Para tentar me acalmar começaram a me mostrar álbuns e mais álbuns de fotos da família. E, para todas que olhava, eu dizia:

– Não, não é ele.

Foi uma experiência frustrante tanto para mim quanto para minha nova família. Todos tinham certeza de que eu estava me referindo a alguém que tinha visto na casa e por isso me mostravam apenas fotos de pessoas encarnadas. E quase ninguém ali usava barba. Um dia, quando já tínhamos quase perdido as esperanças, minha mãe me mostrou um retrato de seu avô falecido. Ele usava uma longa barba. Reconheci imediatamente meu bisavô Appolus. Fiquei muito feliz. Achei que, como o havia identificado, minha família me ajudaria a encontrá-lo.

Apontei, radiante, para a fotografia e disse:

– É ele. É ele mesmo. É o homem que tem me ajudado tanto. Onde ele está? Quero falar com ele.

Minha mãe me olhou, surpresa.

– É impossível. Você não pode ter visto este homem. Ele está morto há anos!

Ela não entendeu. Mas a vida toda eu soube que fui acompanhado e que recebi muitos ensinamentos dele durante minha transição do mundo espiritual para a condição humana. Esta é uma pequena parte de minhas "lembranças eternas".

Kirk D. Gardner

Dizemos "tudo isto já existiu,
Tudo isto já aconteceu, só não sei
exatamente quando ou onde".
Por isso, amigo, desde a
primeira vez que vi seu rosto,
Nossos pensamentos se
completaram de maneira
tão real e verdadeira,
Que parecíamos espelhos
refletindo um ao outro.
Embora eu não soubesse
dizer de onde ou de
quando nos conhecíamos,
Tive certeza de que já nos
encontramos muitas vezes
E que vivemos sempre na memória
e nas palavras um do outro.

ALFRED LORD TENNYSON
"*EARLY SONNET*" [SONETOS DA MADRUGADA]

Jesus disse: "Se lhe perguntarem de onde se originaram, dizei que todos viemos da luz e de onde a própria luz se originou. E se lhe perguntarem quem sois, dizei que sois Seus filhos e que somos todos os eleitos do Pai."

O Livro de Tomás (Logion, 50)
Textos de Nag Hammadi

Meu anjo envolto em luz

EU ESTAVA grávida de cinco meses e meio de meu terceiro filho. Os médicos tinham descoberto que eu tinha cálculos em meu duto biliar. Fui submetida imediatamente a uma cirurgia, o que salvou minha vida. Mas a operação durou horas e foi muito difícil. Perdi muito sangue e meu coração chegou a parar por alguns instantes. Chegaram a informar a meu marido que havia pouca chance de o bebê sobreviver. Na noite seguinte à da cirurgia a enfermeira entrou no quarto para verificar as batidas cardíacas do bebê mas não conseguiu detectá-las. Tentou por todos os ângulos e, como não conseguiu, chamou um enfermeiro e um médico da ala da maternidade. Eles vieram e tentaram por mais de meia hora. Fui então informada que o bebê havia morrido e que fariam uma ultrassonografia para confirmar. Saíram então para chamar meu marido e meu médico.

Sozinha, na penumbra do quarto, dirigi meus pensamentos a Deus. Sentia imensa dor pela perda daquele filho que jamais teria nos braços, por todos os sorrisos que jamais veria, os passos que jamais acompanharia. Pedi forças e um pouco de paz naquele momento difícil e, sem perceber, caí em sono profundo.

Sonhei que estava diante de uma escadaria de degraus brancos junto com meu marido, meus dois filhos, meus pais, minha irmã, meu irmão e alguns parentes que já haviam falecido. Ouvi alguém chamar meu nome e olhei para o alto da escada. Havia um trono circundado por luz e uma figura em pé, diante dele. Um sentimento de amor e paz invadiu meu espírito. Subi as escadas, ajoelhei-me no último degrau e inclinei a cabeça, reverenciando aquela figura de luz. Ainda com a cabeça baixa, vi que duas mãos se estendiam em minha direção, segurando um bebê embrulhado em tecido branco. Olhei para os olhos azuis e cristalinos da criança e os lindos e longos cílios. Seus cabelos eram negros e, enquanto eu a observava, ela sorriu para mim. Comecei a chorar de alegria e emoção.

Ouvi então as palavras: "*Entrego esta criança aos seus cuidados para que você a crie para mim. É um presente que lhe dou e que um dia você me retribuirá. Esta menina é uma querida irmã. Ajude-a a me encontrar e a seguir meu caminho. Eu morri por ela e para lhe dar a chance de encontrar novamente o Pai. É um precioso ser que deixo em suas mãos*".

A luz se expandiu e, de repente, reconheci a figura diante de mim. Cenas e lembranças vieram à minha mente. Prometi cuidar daquele ser que me era confiado e ampará-lo.

A criança foi colocada em meus braços e minhas lágrimas caíram sobre o manto branco. Estava emocionada por sentir que confiavam em mim para aquela tarefa. Será que era mesmo digna de ter em minhas mãos um ser tão belo? Desci lentamente as escadas e parei em frente a meu marido. Estiquei os braços e ele pegou o bebê com todo o cuidado.

Acordei, então, quando o médico entrou no quarto. Pedi a ele que verificasse novamente o bebê, pois tinha certeza de que estava vivo. Ele me examinou e constatou, realmente, que havia batimento cardíaco.

Três meses depois, dei à luz uma linda menina de quatro quilos e meio, olhos azuis cristalinos e cabelos negros, exatamente como a que eu tinha visto em meu sonho. Bastou olhar em seus olhos para saber que era meu pequeno anjo envolto em luz.

Debbie C.

Naqueles dias, a raça eleita e santa descerá do Céu e sua semente estará com os filhos dos homens.

1 Henoc, 39: 1
Velho Testamento

O garoto dos sonhos no jardim

TUDO COMEÇOU na Austrália. No momento em que vi meu filho, apaixonei-me por ele. Era uma criança linda, de cabelos loiros e encaracolados e rostinho angelical. Seus olhos transmitiam um sentimento de imensa paz e sabedoria. Tive vontade de pegá-lo e abraçá-lo. Eu sabia que tínhamos uma ligação eterna. Ele continuou a brincar e a dançar naquele belo campo florido, o que me fez pensar se eu estava acordada ou dormindo.

Continuei deitada na cama, analisando a visão que acabara de ter. A cena da criança no jardim não saía de minha mente, e eu continuava com aquela sensação de paz e alegria. As flores e a grama pareciam interagir, agitadas levemente pela brisa suave e melodiosa. A figura da criança surgiu então, como se estivesse dançando em um palco. Movia-se rápido, porém em total harmonia com o ambiente. Parecia fazer parte da paisagem. Dançava sem parar, rindo e se divertindo como só as crianças sabem fazer.

E eu observava tudo, fascinada. Quando ele se aproximou um pouco mais de mim, pude observar seus cabelos fartos. O vento os agitava para a frente e para trás enquanto ele se movia. De repente, ele parou, olhou para mim e nossos olhos se encontraram. Não trocamos uma palavra sequer, mas nos entendemos perfeitamente. Uma grande onda de amor nos invadiu naquele momento.

Então, com a mente totalmente desperta, as idéias ficaram mais claras para mim. Aquele garoto era uma criança esperando para vir a este mundo. Eu iria ser a sua mãe e não podia deixá-lo esperando. E quando nascesse deveria dar a ele o nome de Andrew, o nome que ele mesmo tinha escolhido.

Mas também era preciso levar em conta a realidade em que eu vivia. Já tínhamos sete filhos, e meu marido havia deixado bem claro alguns dias antes que a família não podia mais aumentar. E eu havia concordado, embora no fundo ainda quisesse mais um bebê.

Havia outro problema também, algo que estava me incomodando muito. Meu marido estava trabalhando até tarde todos os dias e aos poucos parecia se afastar de mim e das crianças. Vivíamos em uma fazenda na Austrália e eu passava os dias envolvida nas tarefas de casa. Também participávamos ativamente das atividades comunitárias. Não havia tempo para autopiedade.

Sabia que não era o melhor momento para tentar convencer meu marido a acreditar que eu havia tido uma visão e que queria ter outro filho. Não comentei com ele sobre o assunto, mas estava ansiosa para trazer ao mundo aquele garotinho lindo que tinha visto.

Durante o mês seguinte, tivemos apenas uma chance para ficar totalmente a sós. Achei que não seria suficiente para engravidar, mas o milagre aconteceu. Foi uma gravidez difícil e em diversos momentos achei que iria perder a criança. Passei os três meses finais de cama e quase não podia andar por causa de uma dilatação da pelve. Apesar de todos os problemas, o bebê nasceu com saúde. Meu marido concordou em darmos a ele o nome Andrew.

Quando o bebê tinha seis semanas, meu marido enviou a mim e a todos os nossos filhos para um cruzeiro pelas Américas. Seguiu conosco até Fiji e depois voltou para a Austrália porque tinha de cuidar dos negócios. Nós continuamos e desembarcamos em Los Angeles, onde alguns amigos nos esperavam. Passamos dias visitando a cidade e fomos à Disneylândia, realizando um grande sonho das crianças.

No mês que se seguiu, mal tive tempo de pensar no sonho que tive com Andrew, pois minha vida estava muito agitada, consumindo todas as minhas energias e atenção. Descobri que meu marido tinha nos dado aquela viagem para se despedir de nós. Estava construindo uma vida nova ao lado de outra mulher. Hoje, quando me lembro de tudo aquilo, creio que sobrevivemos ao choque por milagre.

Fiquei com as crianças nos Estados Unidos, conheci outro homem e me casei com ele depois de algum tempo. Meu novo marido adotou meus oito filhos e temos uma vida maravilhosa.

Um dia, estava observando pela janela a bela paisagem de primavera em nosso jardim. Andrew estava brincando sozinho no gramado, feliz com o calor do sol. Tinha três anos na época e seus cabelos loiros e olhos azuis brilhavam como nunca. Parou por um instante ao me ver. Seus olhos irradiavam puro amor. Imediatamente me lembrei do sonho e reconheci o mesmo garotinho loiro.

Alguém em algum lugar sabia que minha vida estava para tomar um rumo completamente diferente e que Andrew tinha de estar comigo...

JEAN H.

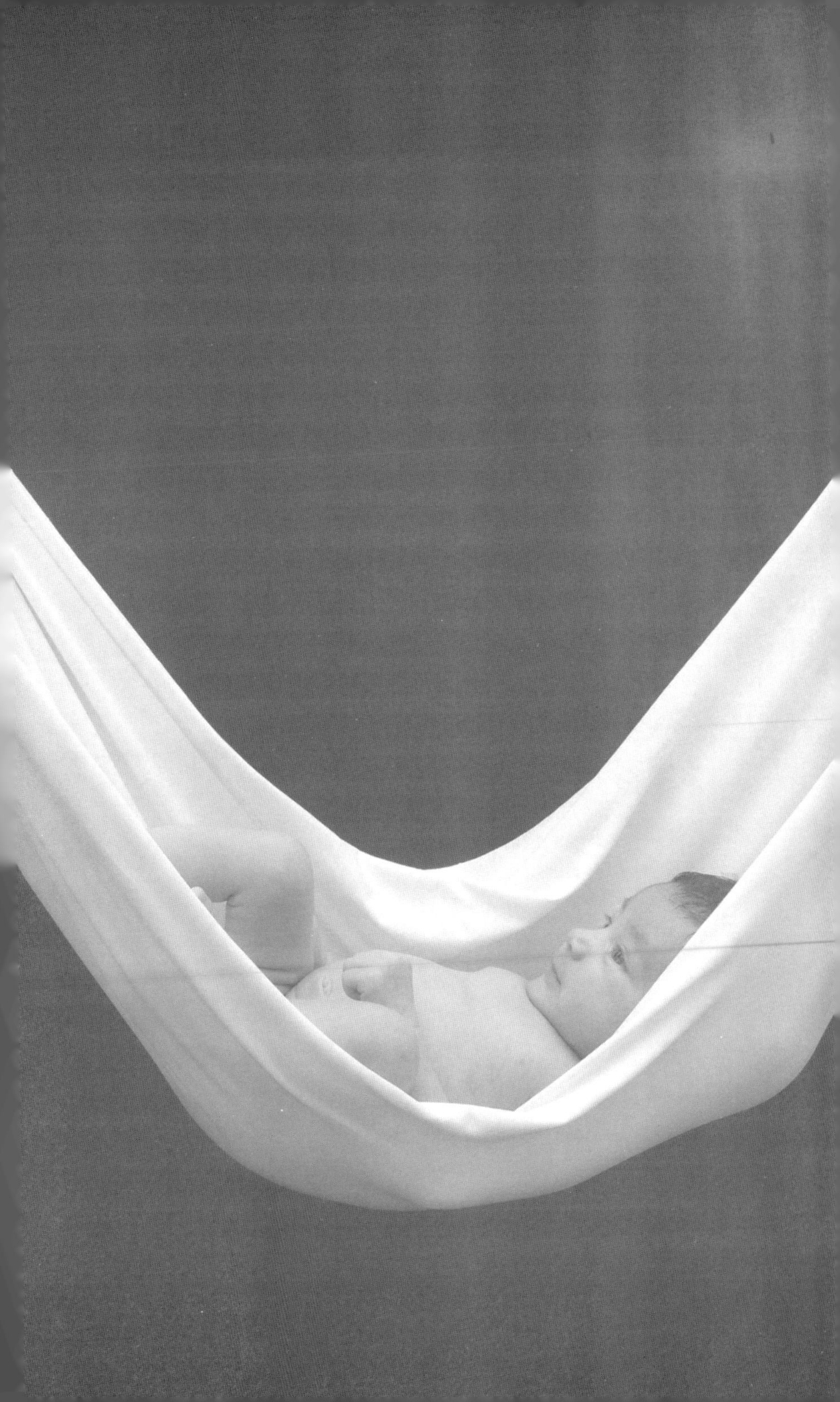

Enquanto o homem contempla as estrelas e pensa em sua origem, sua alma vai mais longe e se transporta ao estado divino, de onde nunca saiu.

JACOB BOEHME

Raptada

O DIA 7 de outubro de 1986 começou como um dia normal em nossa casa. Stacy e Robert foram para a escola, e meu marido, Mark, saiu para trabalhar.

Às 13h43 telefonei para ele.

– Não sei como lhe dizer, mas... – minha voz pareceu sumir de repente. – Aconteceu uma coisa terrível! Mark... alguém raptou Sarah!

Eu tinha ficado em casa com as crianças mais novas e o filho de uma vizinha. De repente o telefone tocou. Era Robert pedindo que eu fosse buscá-lo na escola. Coloquei as crianças no carro e fui até lá. Entrei um instante para pegá-lo e, quando saí, o filho do vizinho me disse, com ar inocente, que um homem havia tirado Sarah do carro e a levado embora.

– Isso não tem graça. Pode parar com a brincadeira – eu disse.

Mas ele me olhou bem sério e disse:

– Um homem veio e levou Sarah.

Percebi que ele estava falando sério. Olhei para dentro do carro e minha filhinha de três anos havia realmente desaparecido.

Peguei todos, entrei na escola e, tentando não entrar em pânico, pedi ajuda. O diretor, a enfermeira e alguns funcionários vieram imediatamente.

– Deixei Sarah e as outras crianças sozinhas no carro, desprotegidas – eu disse, entre lágrimas. Minha cabeça parecia girar. Não conseguia sequer me lembrar do número de telefone do escritório de Mark. A secretária da escola procurou na lista telefônica e encontrou. Quando ele chegou, a polícia já havia chegado e eu estava contando a história aos policiais. Eu não conseguia acreditar que aquilo estava acontecendo.

O diretor levou as crianças para casa e uma família de paroquianos do bairro ficou cuidando delas enquanto meu marido e eu fomos à delegacia. Os policiais nos fizeram mais perguntas e também o FBI, algumas horas depois.

– Vocês sabem de alguém que teria interesse em raptar Sarah?

Não fazíamos a menor idéia de que alguém pudesse pensar nisso.

Orávamos em silêncio, pedindo a Deus que a protegesse onde quer que ela estivesse e que nos desse forças para enfrentar aquela situação. Não adiantava ficar imaginando o que poderia ter acontecido. Tínhamos de confiar em Deus e fazer tudo o que estivesse ao nosso alcance. Chorávamos desesperados, sem saber se voltaríamos a ver nossa filhinha. Ela poderia estar ferida, com medo ou coisa pior.

Enquanto jantavam, as crianças nos perguntaram o que Sarah poderia estar comendo naquele momento e se o raptor estava cuidando bem dela. O pequeno Bobby foi até a porta e ficou chamando a irmã com sua voz inocente, imaginando que ela responderia ou voltaria para casa.

A polícia nos informou que divulgar o acontecimento nos jornais e televisão ajuda a intimidar os raptores e muitas vezes os leva a libertar as vítimas. Foi convocada uma coletiva de imprensa, que durou cerca de 20 minutos. Toda a comunidade metropolitana do Arizona se comoveu e se uniu diante dos televisores ao ouvir os repórteres nos perguntarem o que havia acontecido.

"Ajudem a encontrar Sarah", pedíamos. E ao raptor imploramos: "Liberte nossa menina. Pode ser em uma esquina, em um supermercado, em qualquer lugar. Ela vai ficar bem. Só a queremos de volta".

Quando chegamos em casa naquela noite, exaustos, as crianças já estavam dormindo. Pedimos mais uma vez ajuda e consolo aos Céus. Mark estava com medo de que seu nervosismo e desespero em querer ver Sarah sã e salva o impedissem de enxergar com clareza os desígnios de Deus. Em primeiro lugar, pediu consolo a mim, pois sabia que eu não era culpada. E depois para o próprio raptor, que um dia sentiria angústia e desespero provenientes do arrependimento. Tentou então me convencer de que Sarah ficaria bem, mas ele mesmo não estava tão certo. Estava com medo. Um mês antes havia tentado me convencer de que minha gravidez seria tranqüila e que nosso bebê nasceria saudável. Mas se enganou. Tive uma hemorragia e perdi a criança cinco dias depois. Será que Sarah não voltaria para casa? Mark nem conseguia se concentrar para fazer suas orações.

Mas continuou assim mesmo se dirigindo em voz alta ao Pai Celestial, que a tudo vê. De repente, sua voz ficou diferente, mais calma que o normal. As palavras começaram a fluir espontaneamente. Parecia que ele mesmo as estava ouvindo. Lembrou que Sarah era muito importante para nós, que ainda tinha uma vida toda pela frente e muito para fazer.

Então lágrimas começaram a cair de seus olhos com o que estava para dizer. Sua voz ainda estava diferente e mais calma. Após alguns instantes de silêncio, ele continuou:

– Sarah está viva e passa bem, protegida do mal e das idéias perversas dos homens. Tem anjos ao seu redor e nada pode atacá-la. É uma menina de bom coração e o bem sempre vence o mal. Voltará para casa e tudo ficará bem.

Mal terminou a frase, lágrimas de alegria lhe rolaram pelas faces. Mark entendeu por que não tinha conseguido me dizer que Sarah estava bem quando começamos a orar:

– Eu queria deixá-la mais calma, mas as palavras pareciam não sair de minha boca. É como se Deus quisesse dizê-las pessoalmente e só agora, por intermédio Dele, é que consegui.

Para nós, a provação pareceu diminuir de intensidade, mesmo depois de dez longas horas depois de Sarah ter sido raptada. Mas a tortura ainda se arrastou por mais três dias.

Falamos com os repórteres e dissemos ter certeza de que Sarah voltaria para casa sã e salva.

Aos poucos, mais tarde, conseguimos juntar mais pedaços da história. Enquanto saí do carro para pegar Robert, Sarah, Heather, de dois anos de idade e o filho do vizinho ficaram brincando de esconde-esconde. Sarah foi se sentar no banco do motorista e abriu a janela. Um homem de aspecto rude, cabelos longos e ondulados e barba se aproximou do carro.

– Você vem comigo – ele disse.

– Não – Sarah respondeu.

O homem enfiou a mão pela janela e a tirou à força. Ela não gritou nem esperneou. Ele a levou para um caminhão marrom e a mandou se deitar no chão. O carpete estava sujo e ela sentiu nojo. Ele rodou durante algum tempo em silêncio e parou em uma estrada esburacada e cheia de curvas. Bateu nela e a maltratou durante um bom tempo, depois abriu a porta e ela fugiu. O homem não tentou impedi-la. Simplesmente fechou a porta e seguiu pela estrada. O rapto deve ter durado cerca de uma hora.

Sarah saiu da estrada e foi caminhando até algumas árvores que estavam a alguns quilômetros. Não tentou voltar para a estrada principal.

– Eu sentia que tinha de ir naquela direção e ficar ali, perto das árvores – disse depois. Como estava descalça, seus pés se machucaram no caminho. Mas algo lhe dizia que ela tinha de encontrar o local com as árvores e ficar perto delas.

Anoiteceu e ela acabou adormecendo. Acordou no meio da noite, sozinha e com medo. Mas viu uma criança pequena perto dela, uma menina de cabelos curtos e loiros, que se parecia com sua irmã Heather. Estava usando uma espécie de roupão branco que mais parecia uma camiseta envolta em muita luz. Sarah até ficou com medo que as folhas secas pegassem fogo sob luz tão forte. Perguntamos como ela viu aquela criança ali no escuro e ela disse:

– Eu olhei e ela estava ali. Não era invenção de minha cabeça. Eu a vi mesmo.

A garotinha ficou com ela, sorrindo quase o tempo todo, mas sem falar. Sarah ficou dois dias no local, sob as árvores, e sua amiga iluminada lhe fez companhia.

Como tivemos a premonição de que Sarah só voltaria na sexta-feira, passamos a quarta e a quinta esperando. Tentamos estabelecer uma rotina normal para manter a mente ocupada. Mas a comunidade estava envolvida nas buscas e cartazes tinham sido espalhados pela cidade toda. A recompensa era de 21 mil dólares para quem ajudasse a prender o raptor. Pessoas que nem conhecíamos doaram centenas de dólares, imprimiram, distribuíram e colaram os cartazes por toda parte. Outras doaram seu tempo ajudando nas buscas.

Na noite de quinta-feira choveu muito e a temperatura caiu. Oramos para que Sarah estivesse em um local quente e seguro. Mark me disse:

– Rhonda, se Moisés conseguiu dividir o Mar Vermelho, Deus com certeza conseguirá evitar que Sarah se molhe.

Sarah sentiu fome e sede, não havia comida ou água por perto. Durante a chuva, as árvores a protegeram. Brincou, até, esticando os pés na direção da água que caía, mas o local em que estava permaneceu totalmente seco.

Na sexta-feira de manhã, saiu do local em que estava e começou a andar. Não foi na direção de onde tinha vindo. Simplesmente caminhou. "Algo me dizia para sair andando. Parecia que o Papai do Céu estava me levando." Caminhou desde o amanhecer até as nove horas, quando ouviu um disparo. Era a arma de um caçador de codornas. Naquele dia se iniciava a temporada de caça. Ela se aproximou e ficou observando para ver o que ele (Zane Bingham) estava fazendo. Sem perceber, Zane se aproximou dela procurando a ave que havia atingido. Ao olhar atrás de um arbusto, encontrou-a. Reconheceu imediatamente seu rostinho porque havia visto a foto em um cartaz na cidade. Levou-a imediatamente para um restaurante próximo, onde ficou até o helicóptero da polícia chegar.

Acordamos, naquela sexta-feira, com muita esperança de que Sarah seria encontrada. Fomos até a delegacia para mais um depoimento. Enquanto esperávamos, Mark ouviu uma funcionária dizer:

– Não acredito que a encontraram viva!

Ele chorou emocionado e agradeceu aos Céus. Tudo aconteceu exatamente como prevíramos.

Fomos direto para o hospital onde ela estava. Os médicos fizeram vários exames e coletaram amostras de sujeira, de partículas em seu cabelo e até de lágrimas secas. Ela estava toda arranhada e suja da cabeça aos pés. Nem parecia nossa menina. Não olhava para nós nem falava. Ainda estava em choque. Eu não estava preparada para aquilo. Imaginava que ela estaria bem e que diria: "Olá, papai e mamãe. Vamos para casa". Mas tinha sofrido muito e ainda estava tentando entender tudo aquilo.

Ficou em silêncio, observando o que os médicos faziam. De repente, seu semblante mudou, ela sorriu e disse:

– Eu vi Heather brincando perto das árvores – referia-se à menina que lhe fez companhia. Heather era sua irmã mais nova. Mas naquele momento não entendemos o que ela queria dizer. Heather tinha estado conosco o tempo todo.

Então ela ficou séria novamente, voltou ao estado de choque e não falou mais. Mas isso era o que menos importava naquele momento. Ela estava viva e iria voltar para casa. Passou o dia seguinte dormindo e comendo muito. Não falou com ninguém e não sorriu.

Mas o que mais a impressionou durante toda a experiência foi a menina que se parecia com sua irmã e que ficou ao seu lado. Suas primeiras palavras foram sobre ela.

Sarah só começou a falar novamente no sábado de manhã. Fizemos a ela muitas perguntas nas semanas que se seguiram e conseguimos, aos poucos, descobrir tudo o que aconteceu. Mas só três anos depois conhecemos a identidade de sua guardiã.

Cerca de um ano depois, quando já tínhamos retomado nossa vida normal, Sarah ganhou uma irmãzinha, Jessica, uma linda menina de cabelos loiros. Um dia, quando Jessica tinha três anos de idade, Sarah parou de repente e ficou olhando para ela. Então, com um brilho de alegria nos olhos, gritou:

– Mamãe, era Jessica que estava comigo na floresta! Até o cabelo é igualzinho. Foi ela que me ajudou. Jessica é minha amiga iluminada!

Família Skidmore

Você vê a inocência infantil dessa grandeza sublime e celestial? As apreensões puras e virgens que tinha em minha infância e a luz divina que me trouxe ao mundo... eu era um pequeno estranho e minha vinda ao mundo foi plena de comemorações e de alegrias. Meu conhecimento era divino: eu sabia, por intuição, tudo o que havia aprendido desde minha apostasia.

THOMAS TRAHERNE

Quem é você?

EU ESTAVA muito feliz naquele dia. Era uma manhã muito bonita de primavera e tínhamos acabado de tomar o café-da-manhã. Meu marido e eu havíamos comprado uma casa nova, tínhamos uma bela família e um casamento maravilhoso. Era tudo o que alguém podia querer.

Quando a campainha tocou, interrompendo meus pensamentos, imaginei que fosse a vizinha. Ela havia telefonado uma hora antes perguntando se tínhamos visto seu cão, que desaparecera, e disse que passaria em minha casa depois. Mas quando abri a porta vi que era um desconhecido. Antes de eu ter tempo de fechá-la, ele pediu ajuda dizendo que precisava usar o telefone porque seu carro estava quebrado e, quando percebi, já estava dentro de minha casa. Senti que estava em perigo mas era tarde demais. O homem sacou uma arma e começou a me agredir.

Acabou me trancando no banheiro e foi vasculhar a casa. Sozinha por alguns instantes, uma estranha sensação de calma me envolveu. Pedi a Deus: "Por favor, se esse homem for me matar, que seja rápido. Proteja minha família e os ajude a superar o trauma". E meu medo desapareceu totalmente ao perceber que havia a presença de alguém ao meu lado. Não a via, mas tinha certeza de que se tratava de uma jovem doce e meiga. Perguntei em voz alta:

– Quem é você?

Eu sentia que era alguém próximo, como se fosse da família, e achei que era um anjo guardião se preparando para me levar para o outro lado caso eu fosse morta. Sua presença era tão forte que a sentia com mais intensidade que a do criminoso. Eu já estava quase me esquecendo dele, apesar de ele ainda estar na casa. Minha mente estava totalmente concentrada na pessoa que estava ali ao meu lado. Finalmente, depois de algum tempo, ouvi-o sair e minha amiga espiritual partiu também.

Consegui destrancar a porta do banheiro e corri para fora da casa. Senti o sol bater em meu rosto e fiquei muito feliz por ainda estar viva. Pensei: "Obrigada, Senhor, por me deixar viver."

Jamais contei a alguém sobre a presença do ser que ficou ao meu lado durante aquele incidente, mesmo porque senti que era algo muito pessoal. Dez meses mais tarde, ou melhor, depois de seis anos e meio esperando para ter outro filho descobri que estava grávida. Fiquei muito feliz. Eu sabia que seria uma menina e contei a todos. O médico e alguns de meus parentes duvidavam, mas eu tinha certeza absoluta.

Na noite em que minha filha nasceu, parecia que havia uma aura de luz ao redor da cabeça. Todos os que a viam tinham essa impressão.

Quando o médico a limpou e colocou em meus braços, foi como se estivéssemos apenas nós duas no quarto. Olhei-a nos olhos e pensei: "Quem é você?" Em resposta seus olhos pareceram se fixar nos meus e eu a reconheci imediatamente. "Era você", eu disse. Ninguém ao meu redor entendeu, mas tenho certeza de que ela entendeu. Ela era meu anjo guardião e estava ao meu lado bem antes de nascer.

Nome omitido por solicitação
da autora do texto.

Como um anjo vim à Terra!
Como tudo aqui parece
ter um brilho especial!
Fui criado como uma de
Suas primeiras obras
Que honra para mim!
O mundo me lembrava
Sua eternidade,
Na qual minha alma navegava;
E tudo o que via ao meu redor
Comigo dialogava.

Os Céus e sua glória;
O ar, tão suave e refrescante,
Tudo tão divino, tão suave,
tão doce, tão bom!
As estrelas me comovem,
E todas as obras de Deus,
tão brilhantes e puras,

Tão grandiosas e ricas,
Que perduram para sempre,
Em meu coração.

Inocência e pureza
Fizeram-se em meu ser;
E enquanto meu Deus
mostrava toda a Sua glória,
Senti meu ser se revigorar
Meu espírito se renovar.
Meu íntimo se tornou mais forte
Como o mar da vida, que
flui como vinho;
Eu não conhecia o mundo antes
Mas descobri que era divino.

THOMAS TRAHERNE

E de um só sangue fez toda a geração dos homens, para habitar sobre toda a face da Terra, determinando os tempos já dantes ordenados, e os limites de sua habitação.

Atos, 17: 24,26

Colegas do Céu

OS PARTOS de meus filhos sempre foram difíceis. Em 1973, quando minha primeira filha nasceu, tive uma parada cardíaca. Mas a equipe médica foi muito eficiente e rápida; efetuou uma cesariana, o que salvou a vida da criança e a minha. E ainda tivemos a sorte de ter uma recuperação rápida. Mas meu marido ficou tão traumatizado com aquelas horas de sofrimento que não queria mais ter filhos. Seria arriscar demais minha vida. Minha mãe morreu quando eu tinha dez anos e por isso eu também tinha muito medo de deixar um filho crescer sozinho.

Ainda assim eu tinha sempre a forte sensação de que nossa família estava incompleta, de que outras crianças tinham de se juntar a ela.

Quando nossa primeira filha, Angie, tinha três anos, meu pai nos convidou para ir com ele a Washington visitar minha irmã. Foi uma viagem muito boa. Na volta, paramos em um posto de gasolina com uma área de descanso na beira da estrada de

Idaho. O lugar estava vazio e nós três éramos os únicos a desfrutar da bela paisagem. Algo me chamou a atenção e olhei para Angie, que estava brincando com uma linda menina de cabelos ruivos, que devia ter a mesma idade que ela. Foi estranho, mas não me assustei nem fiquei preocupada. As duas pareciam tão felizes e em harmonia que era como se a alma delas estivesse unida por um laço invisível e muito forte, como se nunca tivessem estado separadas.

Hipnotizada pela cena, fiquei observando as duas brincarem de roda. Então, de repente, a brincadeira acabou quando a menina ruiva simplesmente desapareceu diante de meus olhos. Angie voltou a brincar sozinha, sem parecer se abalar com o desaparecimento da amiga.

Sentei-me e fiquei alguns instantes pensando no que tinha acabado de ver. Tinha a estranha "sensação" de que aquela menina ruiva era minha filha. Quando chegamos em casa contei a meu marido o que acontecera. Para mim, era uma manifestação dos desígnios de Deus. Ele queria nos enviar mais uma filha.

Para meu marido, a mensagem também era tão clara que, apesar de seu medo, ele concordou. Nossa fé, porém, foi duramente testada. Tive dois abortos nos meses seguintes. Mas, finalmente, depois de muito tentar, nossa filhinha ruiva nasceu. Quando completou três anos, tinha exatamente a mesma aparência da garotinha que eu tinha visto no posto de gasolina em Idaho.

Devido ao risco de aborto, tive de passar quase o tempo todo da gravidez na cama. Mas, para nossa surpresa, o parto da nossa segunda filha foi natural. Não houve necessidade de cesariana e recuperei-me de tal maneira que tivemos mais duas filhas, ambas por cesariana. Nossa quarta menina nasceu quando estávamos morando na Colúmbia Britânica, no Canadá. Tive mais dois abortos entre a segunda e a terceira mas não desisti porque "sabia" que seriam quatro filhas em nossa família.

Um dia, durante o sétimo mês de gravidez de nossa quarta filha, eu estava sozinha folheando alguns álbuns de fotografia. De repente, recebi uma mensagem como aquelas de experiências de quase-morte em que alguém se comunica com os que estão do outro lado por meio de pensamentos. A mensagem era: "*Quando você tiver um filho, o nome dele será Michael*". Eu achava que estava grávida de uma menina, não de um menino. E estava certa. A mensagem se referia a uma futura gravidez.

Quando contei sobre a experiência a meu marido, ele não gostou:

– Se tivermos um filho, não quero que ele se chame Michael. O mundo já está cheio de pessoas com esse nome.

Eu ri e respondi:

– Mas o nome veio na mensagem. Não é uma questão de escolha. Eu estou apenas lhe dizendo o que ouvi.

A idéia de ter um menino logo foi esquecida com o nascimento de nossa quarta filha. Mas permaneceu no fundo de meu coração.

Depois de muito sacrifício, finalmente tínhamos as quatro meninas em nossa família. Mas os médicos canadenses insistiram para que eu não tivesse mais filhos, pois poderia perder a vida. Chegaram a marcar uma cirurgia para garantir que eu não engravidaria mais.

Apesar dos conselhos dos médicos sobre os riscos de engravidar novamente, fiquei muito triste por não poder ter mais filhos. Claro, tinha medo de perder a vida e não poder criar minhas meninas, mas não me esquecia da mensagem anunciando um filho chamado Michael. Meu coração dizia que Deus estava preparando um menino para nossa família.

Nessa época, minha saúde começou a piorar, o que tornou a idéia ainda mais improvável. Estávamos nos sentindo pressionados pela equipe médica no Canadá, por isso mudamo-nos novamente para os Estados Unidos. Continuei a me consultar com o médico que fez o parto de nossa terceira filha. Além de conhecer bem meu histórico, ele era espiritualista. Quando contei a ele sobre minha sensação de que havia um menino querendo se juntar à nossa família, ele não me ridicularizou. Disse que outra gravidez seria muito arriscada, mas que me ajudaria.

Eu sentia mesmo que deveria ter outra criança. Meu médico sabia dos riscos, mas tinha fé.

– Se for o que tem de ser, vamos encontrar uma maneira – ele disse.

Voltando aos Estados Unidos, abri uma pequena livraria, e meu marido foi trabalhar em outra cidade. Levava mais de uma hora e meia para ir e voltar todos os dias. Não conseguia achar emprego em um local mais próximo. Os dias eram longos e cansativos para todos nós. Eu estava tentando engravidar, mas meu marido não parecia contente. Tinha medo que eu morresse se engravidasse novamente e preferia que fizesse a cirurgia para não ter mais filhos. As coisas continuaram assim por mais três anos, e minha saúde não parecia melhorar. Eu me sentia sempre cansada e ficava imaginando como Michael poderia nascer.

Apesar de ser contra a idéia de ter mais um filho, meu marido sempre acabava, distraído, perguntando se não faltava alguém à mesa quando nos sentávamos para comer. Ficava sem graça quando isso acontecia, mas dali a algum tempo se distraía e perguntava novamente.

Deus, então, interveio novamente.

Eu estava na livraria e minhas duas filhas mais novas brincavam no fundo enquanto eu checava alguns recibos e notas. A loja estava vazia e resolvi telefonar para meu médico. Aquela situação de viver sempre doente e querendo engravidar me fazia muito mal. Decidi que não agüentava mais aquele sofrimento e que iria marcar a cirurgia de esterilização. Era uma decisão difícil, pois se tratava de um procedimento irreversível.

Quando coloquei a mão sobre o telefone, a figura de um garoto ruivo e muito triste surgiu à minha frente. Senti que era Michael. Ele me olhava, triste, e tive a impressão de que me perguntou: "*Por que você não me quer?*" Não havia necessidade de palavras. Eu sabia que ele era nosso filho. Irradiava tanto amor que fui em sua direção para abraçá-lo, mas ele se esquivou e desapareceu.

Nem preciso dizer que não telefonei para o médico. Mal podia esperar para contar a meu marido sobre a visita de nosso futuro filho. Ele ficou emocionado. Sempre quis ter um menino.

Mas ainda tinha medo de que eu não agüentasse a gravidez. Dormi com a imagem atormentada de meu marido em minha mente. Sabia que ele queria seguir os desígnios de Deus tanto quanto eu, que jamais negaria a uma criança o direito à vida e muito menos o de fazer parte de nossa família. Mas os riscos eram grandes. Pedi a ele que orasse pedindo orientação sobre nosso dilema. No início, ele se recusou, dizendo que já sabia a resposta. Não iria se arriscar a me perder.

Mas Michael não iria desistir assim tão fácil diante da resistência de seu pai. Parecia que o prazo para ele vir estava terminando, pois ele começou a nos pressionar.

Depois de uma noite de insônia, meu marido foi trabalhar. E eu me preparei para ir à livraria. Heather, minha filha de três anos, estava brincando no quarto, e Karen estava na sala comigo.

De repente, Heather gritou para a irmã:

– Karen, venha rápido brincar com Michael.

Karen correu para o quarto e fui atrás por três motivos. Um: não havia ninguém na casa além de mim e das duas meninas. Dois: elas não conheciam ninguém com esse nome. Três: ele não me saía da cabeça. Quando chegamos, Heather disse a Karen:

– Você demorou muito. Ele já foi.

Perguntei a Heather:

– Para onde Michael foi?

– Foi por ali – ela respondeu, apontando para a parede. Estava sorrindo, sem nenhum sinal de medo.

À noite contei a meu marido o que havia acontecido. Ao ouvir que Heather tinha visto "Michael", sua fé se fortaleceu, mas ele ainda tinha dúvidas.

No entanto, ele é quem teria uma história para me contar no dia seguinte.

Costumo ter sono muito leve e escuto qualquer choro ou barulho vindo do quarto das crianças. Mas, por algum motivo, dormi tão profundamente naquela noite que nada percebi.

Karen, que tinha ido correndo ver "Michael" mas não conseguira, acordou agitada durante a noite. Como eu não me levantei, meu marido foi até lá. Perguntou o que estava acontecendo e ela só dizia algo que parecia ser "mão".

Ele achou que se tratava de um "bicho" e que ela provavelmente havia tido um pesadelo. Sentou-se na cama, abraçou-a e a acalmou até ela dormir novamente. Quando foi me contar a história no dia seguinte Karen ficou toda animada e quis explicar o que a tinha acordado. Começou a repetir aquela palavra estranha novamente. Concentrei minha atenção como só as mães sabem fazer para entender o que as crianças estão dizendo e percebi que ela não estava dizendo "mão", mas, sim, "irmão".

– Você viu seu irmão ontem à noite? – perguntei, surpresa.

Ela fez que sim com a cabeça, contente porque eu a entendera. Continuei, então:

– Onde ele estava?

Karen foi andando pelo corredor e apontou para o teto de seu quarto. Entramos todos no quarto.

– E o que aconteceu depois?

Ela apontou novamente para o teto e para o ar, tentando mostrar que ele havia flutuado e atravessado o teto, desaparecendo então.

Meu marido perguntou, com todo cuidado:

– Ele disse qual era seu nome?

Prendemos a respiração, esperando a resposta.

– Michael.

– Eu desisto! – disse ele. Com as mãos na cabeça, se jogou na cama de Karen e ficou olhando para o alto.

Era incrível! Michael tinha aparecido três vezes em três dias para três membros da família. E dois eram pequenos demais para criar histórias como aquelas.

Alguns dias depois, outra evidência fez com que a resistência de meu marido diminuísse ainda mais: seu pai lhe disse que "Michael" havia aparecido para ele num sonho dizendo que iria entrar para a nossa família e que tinha uma missão especial a cumprir na Terra.

Por mais estranho que pareça, no dia em que meu marido aceitou a idéia de ter outro filho minha saúde começou a melhorar. Então, depois de três anos de espera, Michael veio ao mundo. A gravidez transcorreu bem, mas tive de tomar muito cuidado e passar boa parte do tempo na cama.

Vendemos a livraria para que eu pudesse ficar em casa, reduzindo o risco de aborto. E, como por milagre, depois de tantos anos trabalhando longe, meu marido conseguiu um emprego muito bom perto de casa. Estava bem próximo, caso eu precisasse de alguma coisa. Senti muita fraqueza durante a gravidez e não conseguia me movimentar muito, mas nossos vizinhos, amigos e parentes ajudaram muito. Graças a isso, pude descansar bastante e trazer meu menino ao mundo.

Quando o dia do parto chegou, Michael nasceu via cesariana. O médico já havia me avisado que seria assim. Sabia que as chances de eu ter outro filho eram pequenas, mas respeitou nossa vontade e nossa fé. Sabia, inclusive, que seria um menino e que se chamaria Michael. A sala de parto parecia envolta em luz no momento em que ele nasceu. Foi um momento tão especial que até o médico se emocionou ao ver aquele belo garotinho ruivo.

Depois do parto, meus problemas de saúde praticamente desapareceram e finalmente consenti em fazer a cirurgia de esterilização. Mas, dessa vez não havia dúvida alguma. Eu estava tranqüila e consciente de que tinha seguido a vontade de Deus e tido todos os filhos que estavam predestinados a fazer parte de nossa família. A cirurgia transcorreu sem problemas e, desde então, tenho sido abençoada com boa saúde para cumprir a segunda parte de minha missão maternal: criar nossos filhos.

Acredito que todos os relacionamentos familiares começam antes da vida na Terra e que continuam depois dela. Minha história mostra que algumas crianças têm mesmo grande vontade e necessidade de vir ao mundo. Devido a meus problemas de saúde, provavelmente, eu não teria tido mais de um ou dois filhos se o restante deles não tivesse se manifestado. Ter contato com eles antes do nascimento nos deu forças e coragem para continuar. Sou muito grata a todos esses milagres, pois hoje nossa família está completa.

Termino a história com duas conclusões.

Primeira: Michael, que hoje tem dez anos de idade, não aceita ser chamado pelo apelido de Mike. Estava tão ansioso para se juntar à família, apesar de todas as nossas dificuldades, que apareceu para cinco de nós. E em quatro dessas visitas deixou bem claro que seu nome era Michael. É tão determinado quanto a isso que não aceita nenhuma mudança no nome.

Segundo: meu marido não pergunta mais se está faltando alguém à mesa.

JANETTE P.

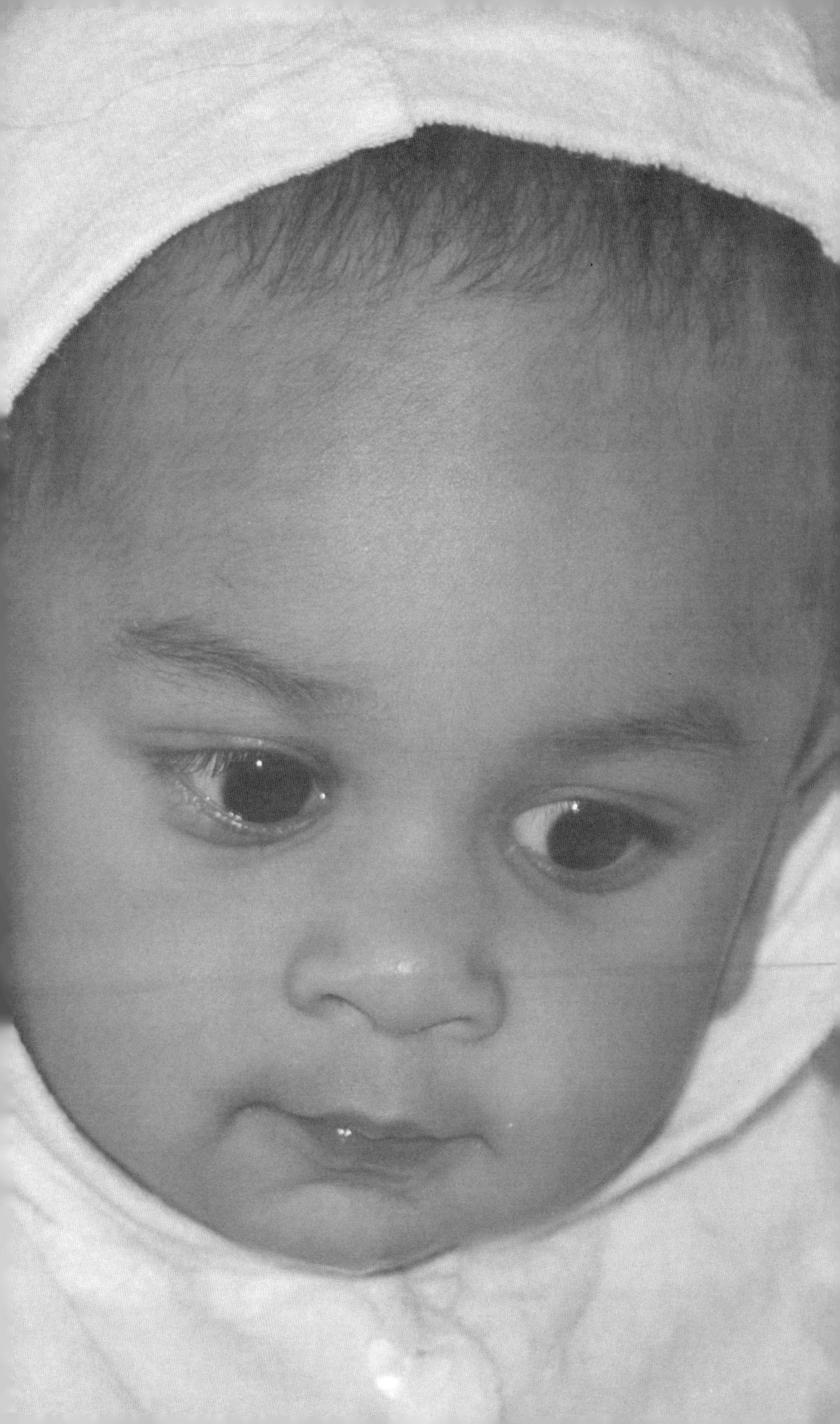

Diz o Senhor, 'Bem-aventurado é aquele que é antes de vir a existir. Pois aquele que é, já tem sido e haverá de ser'.

O Evangelho de Felipe, 64: 10-12

Anjel

– AGORA NOSSA vida vai ficar mais fácil – disse Barry quando recebemos os primeiros exemplares de nosso segundo livro, *Models of love* [Modelos de amor] da gráfica. Foi um desafio escrever o material tendo crianças pequenas e em idade escolar em casa.

Concordei com ele.

– Creio que podemos, finalmente, reduzir o ritmo e relaxar um pouco – ele completou.

"Sem correria ou desespero, pelo menos por algum tempo", pensei ao me sentar, abraçando o livro.

Lembrei-me então de uma oração que tinha feito um ano antes. Tinha pedido para jamais deixar de crescer.

Partimos então, Barry, eu, Rami, de dez anos e Mira, de quatro anos e meio para as montanhas em nosso *trailer*. Precisávamos muito de férias. No terceiro dia da viagem, eu estava sozinha e senti ao meu lado a presença de um ser que eu não conseguia ver. Conhecia a sensação, pois isso já tinha acontecido comigo duas vezes, pouco antes de eu conceber Rami e Mira.

Senti a grandeza do ser ao meu lado. Não o via, mas o sentia no fundo de meu coração. "Talvez seja alguém que veio para ajudar", pensei. Então ele me transmitiu uma mensagem:

"*Sou sua terceira filha e estou pronta para ser concebida*".

Era a última coisa que queria ouvir naquele momento de minha vida.

– O quê? Não, não quero engravidar. Não agora. Neste momento só quero descansar – respondi.

Senti a presença sorrindo para mim, seu amor e a dádiva de seu desejo de fazer parte de minha vida.

Fiquei pensando: sempre gostei de crianças. Quando tinha dez anos já ajudava a cuidar das mais novas. Decidi que minha vida seria devotada a elas. Toda vez que me perguntavam o que eu queria ser a resposta era a mesma: "Quero ser mãe".

Então a presença ao meu lado chamou novamente minha atenção. "*Você pode me conceber daqui a três semanas. Sua família está pronta para me receber.*"

"Não!", gritei em pensamento.

De onde vinha aquele "não"? Era a primeira vez em minha vida que eu resistia à idéia de ter um bebê. Minha mente racional me dizia que já tínhamos 40 anos e que não era mais hora de ter filhos. Mas, por outro lado, sentia que não era bem assim.

Barry e eu achávamos que a família estava completa e já tínhamos até nos livrado de berços e de todos os objetos de bebê. Mas senti aquele ser abrir os braços, abençoando-me, e surpreso com minha recusa.

As três semanas seguintes foram bastante difíceis. Toda manhã eu me sentava para meditar e minha mente resistia à idéia com todas as forças. Quanto mais eu resistia, porém, mais amor e compaixão sentia ao meu redor.

E quando já havia listado pelo menos cem motivos reais para não ter outro filho, recebi a mensagem: "*O risco de me conceber pode não ser exatamente um risco... Confie na perfeição do plano de Deus*".

Minha mente racional tentava argumentar, mas a mensagem era mais forte. No fundo, eu sabia que devia aceitar os riscos e seguir minha intuição, a vontade de Deus e ir em frente apesar dos obstáculos. Estava escrito que teríamos um terceiro filho.

*

Joyce não era a única a resistir à idéia de ter outra criança. Eu também achava que a família já estava completa.

As palavras "*não lute contra; renda-se*" ficaram em minha mente. Mas render-me a quê? Eu não estava sofrendo a mesma pressão que Joyce. Na verdade, não tinha a menor intenção de ter outro filho. Então como me render a algo que nem estava sentindo?

A resposta veio em um momento em que eu estava sozinho com Joyce. Naquele instante, eu corria o risco de me esquecer de minhas convicções e me entregar aos desejos dela. Pela primeira vez eu tinha de deixar de ser o "garotinho teimoso que quer fazer tudo ao seu modo" e de tentar controlar o mundo. Tinha de aceitar o fato de não saber tudo.

De repente, uma onda de paz me invadiu; aquela sensação que me faz ter certeza de que estou no caminho certo. Percebi então que concordar com Joyce não significava ter menos poder ou autoridade (a luta arquetípica de todos os garotos contra suas mães). Na verdade, estava me rendendo aos desígnios de Deus, a algo que não era capaz de compreender em meu atual estágio de evolução.

Ficou claro para mim, pelas experiências que Joyce estava vivenciando, que ter um filho naquele momento seria para o nosso bem. O único risco que eu corria era confiar na perfeição e na bondade do universo e em Deus.

Contei a Joyce o que estava sentindo e ela se sentiu contagiada por aquele sentimento de paz. Minha mudança de atitude era tudo o que ela precisava. Até aquele momento, a luta era unilateral; a decisão parecia ser somente dela. Agora estávamos juntos aceitando um presente de Deus, fosse ele como fosse. Se uma alma tinha de vir fazer parte de nossa vida na forma de um bebê, isso era um grande presente. Estaríamos servindo a Deus da melhor maneira, e esse era nosso desejo. O que quer que viesse a acontecer era o que precisávamos vivenciar, como sempre acontece em nossa vida.

*

Três dias depois Barry e eu nos despedimos de nossas filhinhas, que ficaram na casa de meus avós, e viajamos à Inglaterra para um retiro de cinco dias na Sociedade White Eagle. Foi quando descobrimos toda a glória do espírito que tinha escolhido nascer como nossa terceira filha. Ficamos honrados em recebê-la na família. Deixamos que a sensação daquela terceira gravidez nos envolvesse e nos sentimos muito gratos. Percebi que aquela criança era a resposta à prece que eu tinha feito um ano antes. Era um passo a mais em nossa evolução, mas que só poderíamos dar com certa ajuda. A presença dessa criança em nossa vida representou uma grande cura para nós dois.

O risco de conceber aquela menina reforçou minha fé e compensou todo o esforço. Minha mente às vezes se esquecia ou se desviava do objetivo, mas meu coração sabia que estávamos no caminho certo.

Tínhamos uma sensação inexplicável de que aquela criança nos ensinaria muito sobre a morte. Barry e eu evitávamos pensar nisto, imaginando ser apenas impressão. Mas a sensação aumentou. Algo me dizia que aquela menina jamais chegaria a ser adulta. Meu medo me levou a fazer uma amniocentese*. Minha intuição me dizia para ter esperança. Confiei e esperei. Mas comecei a ter sérios problemas de náusea.

O segundo, o terceiro e o quarto meses de gravidez foram extremamente difíceis. Eu sentia enjôo o tempo todo e passava o dia na cama. Às vezes me sentia tão mal que queria morrer. Tentava me lembrar que nosso presente (a presença daquele ser tão belo) valeria todo o esforço. Mas a náusea era tão grande

* Exame do líquido amniótico. (Nota do Tradutor)

que eu não conseguia sentir a presença do bebê. A única coisa que me ajudou durante aquela terrível iniciação foi a certeza de que depois da tempestade vem a bonança.

Então, depois de quatro meses e meio de gravidez, comecei a me sentir viva novamente. Era como se estivesse nascendo de novo depois de um período de morte. A luz parecia voltar a brilhar. Agora sentia os movimentos do bebê crescendo dentro de mim. Recobrei a esperança e a alegria, feliz por estar grávida.

*

No quinto mês, conhecemos uma parteira na casa de alguns amigos. Havia várias pessoas na casa e ela estava sentada no gramado. Fomos apresentados e a cumprimentamos com um abraço. Depois de alguns instantes de conversa, Joyce perguntou se ela gostaria de nos ajudar durante a gravidez e o parto. Ela sorriu e disse que iria pensar. Então outras pessoas se aproximaram para falar conosco e a conversa mudou de rumo.

No dia seguinte, a parteira, que acabou se tornando nossa amiga, nos telefonou. Perguntou se tínhamos achado estranho o seu comportamento e queria se desculpar. Dissemos que não havia problema, mas ela insistiu em explicar. Quando Joyce perguntou sobre seus serviços, ela viu uma luz intensa ao seu redor e ouviu as palavras "*claro que sim*". Levou um susto tão grande que mal conseguiu responder. Nunca tinha visto algo assim e ficou impressionada. Teve a nítida impressão de que o bebê havia se aproximado dela e tocado-a, como se a houvesse escolhido. Foi para casa e continuou com aquela sensação de paz e de que tinha recebido uma bênção. Queria muito que a aceitássemos como nossa parteira.

*

Na primeira visita a parteira não conseguiu detectar as batidas do coração do bebê com o estetoscópio. Mas disse que não era um problema porque sentia nitidamente sua presença em espírito. E porque é mesmo difícil detectar as batidas cardíacas naquele estágio da gravidez. Marcamos a segunda visita para depois do Natal e ela ficou de trazer instrumentos mais precisos de medição.

Eu estava segura de que o bebê estava bem. Todos os dias me levantava cedo para meditar e pedia para sentir sua presença. E a cada dia ela se tornava mais forte, me mostrando que estava viva dentro de mim, me guiando e me ensinando. Aquelas manhãs se tornavam cada vez mais importantes para mim. Eu estava recebendo um precioso treinamento espiritual.

Alguns dias antes do Natal tive ainda mais certeza de que esperava uma menina e senti que seu nome era Anjel. Foi uma mensagem muito clara. Todos os dias eu acordava em êxtase com sua presença. Minhas primeiras palavras para Barry eram: "Ela é tão linda. Somos realmente abençoados". Ele sentia e partilhava minha alegria.

Mas estava preocupado porque minha barriga não parecia ter crescido muito naquele mês. Estava ansioso pela visita da parteira para ouvir o coração do bebê e saber se estava tudo bem.

Finalmente o dia chegou. Minha meditação e meus momentos com meu querido anjinho foram muito bons naquela manhã. A parteira examinou meu útero e pareceu preocupada. "Joyce, sua barriga realmente não aumentou. Preciso que você faça uma ultrassonografia para verificarmos o que está acontecendo."

Barry marcou o exame imediatamente. No caminho do hospital, explicou às meninas que o exame permitiria ver os movimentos do bebê e determinar por que ele não estava crescendo. Enquanto esperava Barry e as meninas darem entrada no hospital para mim peguei um "Baralho dos Anjos" que tinha na bolsa. Eram cinqüenta figuras de anjos, cada uma com uma palavra correspondente. Puxei uma delas ao acaso e vi que era a da gratidão. Entendi que era para me lembrar de ser grata por tudo o que estava recebendo e que aquela experiência era um presente de Deus.

Quando me colocaram na mesa de raios X chamei as crianças e Barry para olhar na tela enquanto a radiologista colocava o aparelho sobre meu útero. Seu rosto empalideceu e ela não conseguiu se conter. Foi um dos piores momentos de minha vida.

– Seu bebê está morto – ela disse, com a voz perturbada. Rami e eu começamos a chorar. A radiologista repetiu o exame e chamou Berry para fora da sala. Mira estava pálida e confusa. Senti uma tristeza indescritível ao ouvi-la dizer:

– Mamãe, tudo bem. Eu aceito um irmãozinho. É melhor do que não ter um bebê aí dentro. Não tem problema. Isso ajuda?

Sua inocência e pureza eram de tal ordem que acabei sorrindo. Naquele momento senti que devia ser grata por ter duas filhas lindas e saudáveis em vez de ficar me lamentando por um bebê morto dentro de mim.

Prostrada na cama, naquela noite chorei até não poder mais. Não conseguia dormir. Acordei Barry e disse:

– Preciso que me diga uma coisa.

Ele se sentou, esfregou os olhos e tentou acordar. Depois me abraçou e sorriu.

– Por que eu tinha tanta certeza de que o bebê estava vivo? – perguntei. – Como minha intuição pôde estar tão errada? – Eu precisava daquelas respostas.

– Sua intuição nunca esteve tão certa. Anjel estava viva. Você estava conectada à presença dela muito além do pequeno corpo físico que está em seu útero. Por isso se sentia grávida mesmo quando ele não tinha mais vida. Anjel não precisava nascer neste mundo, apenas irradiar amor por nosso intermédio. E foi o que ela fez o tempo todo. A gravidez só serviu para estabelecer um elo mais profundo. A criação de um corpo físico ajudou a unir sua consciência à nossa e em nossa evolução. Na verdade, Anjel nasceu dentro de nós. Agora temos três filhas: duas em corpos físicos e uma em um corpo de luz. E temos tanta responsabilidade sobre ela quanto sobre as outras duas. Somos seus pais no sentido de que estamos cuidando de um ser de consciência mais evoluída. É nosso dever continuar unidos a ela. Seu trabalho depende dessa conexão. Na verdade, somos as crianças e ela é a mãe. Agora conhecemos um espírito-guia, um ser que nos envolve em seu divino amor ao mesmo tempo que desempenha suas funções por nosso intermédio.

*

No dia seguinte, 30 de dezembro de 1986, fomos ao hospital para efetuar o processo de dilatação e curetagem para a remoção do feto morto. O obstetra recomendou anestesia geral e sentíamos que era realmente a melhor opção. Oramos pela proteção de Joyce e para que as mãos do médico atuassem como abençoadas ferramentas de cura. Após o procedimento, ela foi levada para o quarto.

Depois do que pareceu uma eternidade, abri meus olhos e vi o obstetra me chamando. Joyce ainda não tinha voltado da anestesia, mas ele queria falar comigo. Disse que o corpo era de uma menina e perguntou se eu queria vê-lo. Disse que sim e seguimos pelo corredor. Ele foi até um balcão, pegou um recipiente, tirou a tampa e colocou a mão enluvada dentro dele para tirar o corpo. Mas antes me avisou que não seria uma visão agradável.

Eu estava preparado para ver um corpo todo encolhido e amassado depois de tanto tempo sem vida no útero. Não estava preparado para ver um rosto como aquele, que parecia refletir a sabedoria eterna, antigo e sereno, embora sem vida, como uma concha vazia. Peguei o pequeno corpo e fiquei ali, parado, olhando para ele, tentando compreender melhor o processo e os mistérios do nascimento e da morte.

*

Depois de alguns dias, tive uma súbita melhora e experimentei uma sensação que havia muito não tinha: a que tive ao abraçar Rami e Mira pela primeira vez. Mais do que me tornar capaz de tocá-la com minhas mãos, ela me deu a dádiva de usá-las para transmitir amor e bênçãos às pessoas. Toda vez que tivesse vontade de abraçá-la era só abraçar qualquer uma das preciosas crianças de Deus. Se eu quisesse falar com ela, bastava usar minha voz para espalhar o dom do amor ao meu redor. E sempre que quisesse receber sua inspiração, tudo o que eu precisava fazer era me sentar em silêncio e pedir.

Ela nasceu dentro de meu coração. Tocou-me fisicamente com seu pequeno corpo para que eu sempre confiasse em sua presença, como Jesus e seu discípulo Tomás. E graças ao contato constante com ela estamos crescendo e nos libertando.

JOYCE E BARRY VISSELL (4)

Pois todas as almas estão preparadas para a eternidade antes da fundação do mundo.

Henoc

Meu nome é James

MINHA experiência com o mundo dos que ainda não nasceram é muito simples. Temos cinco filhos, um aborto e estamos, neste momento, evitando outro bebê. Mas quando estou só, às vezes, ouço uma voz distante, quase inaudível, dizendo: "*Meu nome é James e estou pronto para nascer*". Contei ao meu marido.

Confesso que a idéia me atraiu, mas como meu filho mais novo tem apenas dois anos achei melhor não pensar no assunto por um bom tempo. Além disso, estávamos planejando ir para a Índia trabalhar como missionários.

Em meu aniversário, 5 de abril, meu marido me levou para jantar e tivemos uma noite romântica. Mas só descobri que estava grávida indo para a Índia, no avião, em 17 de abril. Estava sentada em silêncio, orando, quando ouvi Jesus me dizer: "*Bendito é o fruto de vosso ventre*". Nove meses depois, James nasceu em Puna, na Índia.

DETRAH H.

A alma tem origem nas alturas. De outra espécie sou, pois o Pai da Verdade se lembrou de mim.

Odes de Salomão

Você é a escolhida

DURANTE dez anos tentei engravidar, mas não consegui. Acabamos perdendo as esperanças e chegamos à conclusão de que jamais teríamos um filho. Um dia, conversando com alguns amigos, eles nos aconselharam a adotar uma criança.

Na noite seguinte, comecei a ter um pesadelo, mas ele foi interrompido por uma forte luz e uma súbita sensação de paz. Olhando para a luz, vi um lindo bebê de olhos castanho-escuros. Foi uma sensação muito boa. O bebê disse: "*Estou esperando há muito tempo e você é quem escolhi para ser minha mãe*". Eram palavras de um adulto, porém ditas por uma criança. Não consegui descobrir se era um menino ou uma menina.

Decidimos então adotar uma criança. Parecia o mais certo a fazer e estávamos muito animados. Em um ano fomos chamados. O bebê que iríamos adotar tinha acabado de nascer.

Tínhamos de esperar 72 horas para buscar nosso filho, Tyler. Dois dias depois, fomos informados de que sua mãe natural queria vê-lo, o que não era uma boa notícia. Em 90 por cento desses casos as mães acabam ficando com os bebês. Sentei-me no escritório e comecei a orar. De repente, senti a presença de meu padrasto, que tinha morrido havia anos. Ele me tranqüilizou dizendo que estava tudo bem. Depois me lembrei que era o aniversário de sua morte.

A adoção transcorreu sem complicações. Mais tarde, nos disseram que a mãe natural até pensou em ficar com Tyler, mas acabou sentindo que a vontade de Deus era que ele fosse criado por uma família adotiva. Agrademos de todo coração.

Três anos depois, minha irmã teve um sonho com meu padrasto (seu pai) em que ele dizia: "*Tyler é um grande espírito e fomos muito amigos no plano espiritual. Quando ele descobriu que sua mãe natural iria entregá-lo para adoção perguntei se não gostaria de ficar em nossa família. E ele aceitou*".

Dorothy e Jerry N.

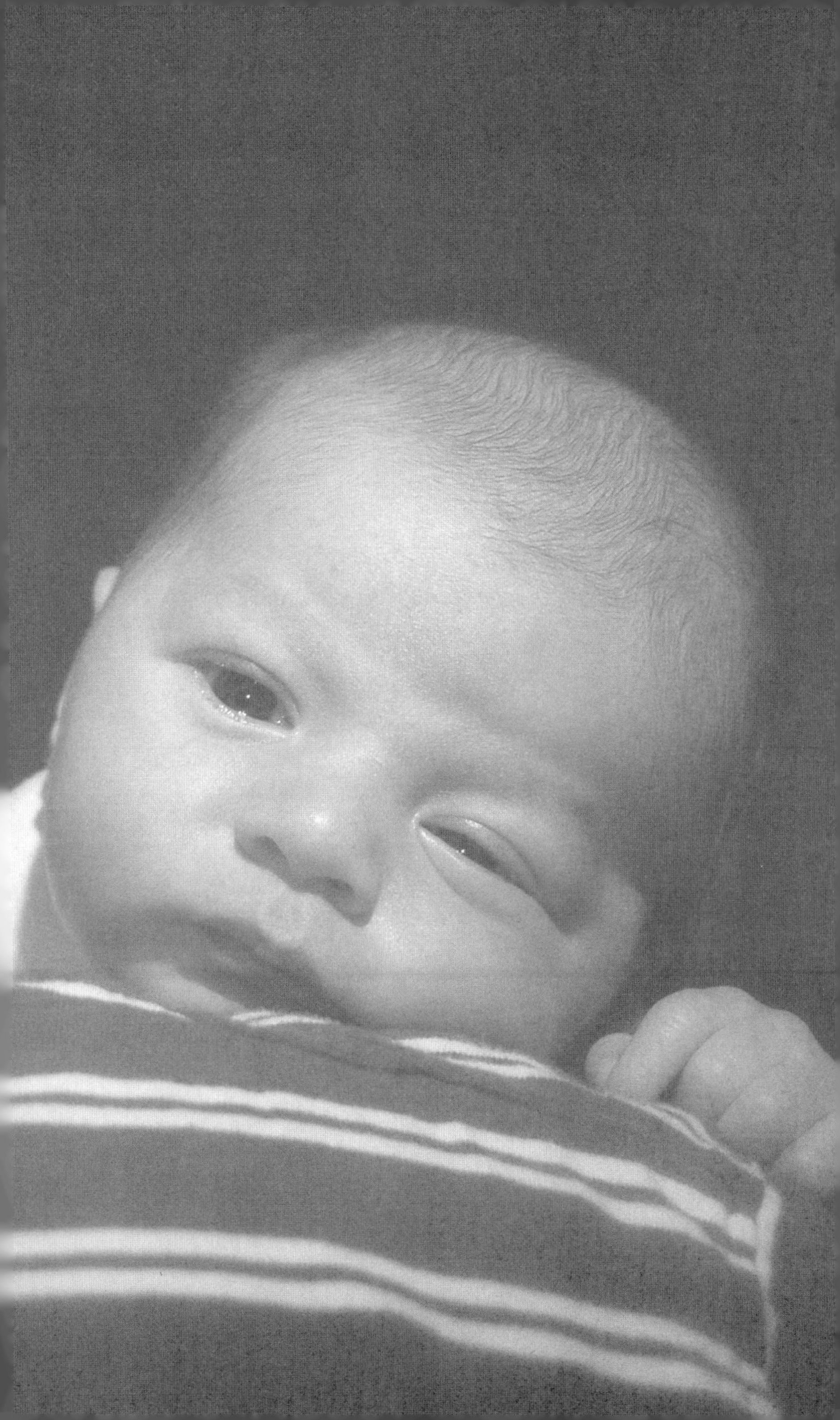

Vós sois deuses, todos vós sois filhos do Altíssimo.

Salmos, 82: 6

Conheci meu filho no outro lado

MINHA HISTÓRIA começa no dia 8 de outubro de 1985. Meu marido, Terry, e eu tínhamos feito uma viagem para Salt Lake City para tentar salvar nosso casamento, que estava em crise. Infelizmente, porém, concluímos que não teríamos mais um futuro juntos e nos preparamos para voltar em nosso avião monomotor para a Califórnia e dar entrada no pedido de divórcio. Tive então uma forte premonição de que a viagem poderia ser perigosa, mas ignorei o aviso e entrei no avião.

Pegamos uma forte tempestade de neve no caminho e, depois de uma manobra que quase fez meu coração parar, Terry conseguiu pousar em Delta, Utah, a cerca de 160 quilômetros de Salt Lake City. Senti que tínhamos nos salvado por milagre e me recusei a continuar a viagem de avião. Terry até tentou alugar um carro, mas não havia veículos disponíveis na cidade e ele acabou me convencendo a continuarmos de avião dizendo que a tempestade havia passado e que se voássemos mais 15 minutos chegaríamos a uma cidade onde poderíamos alugar um carro. Relutei um pouco, mas acabei cedendo.

Ignorei mais uma vez minha intuição e entrei no avião. Mas bastou decolarmos e o pesadelo recomeçou. A tempestade voltou e a visibilidade caiu para zero. Voávamos precariamente e sem direção. O avião acabou batendo em uma montanha e explodindo. Terry escapou relativamente ileso, mas eu sofri queimaduras graves que desfiguraram quase três quartos de meu corpo.

Para não congelarmos, começamos a descer a montanha. Foram quatro horas de caminhada tortuosa sob intensa neblina, pulando cercas de arame farpado e atravessando trechos cobertos de neve até alcançarmos a estrada, onde finalmente conseguimos uma carona.

Descobrimos, depois, que fomos divinamente guiados, pois tínhamos seguido uma linha praticamente reta do local do acidente até a estrada. A equipe de busca concluiu, tomando por base a trilha que deixei em minhas pegadas com sangue, que se tivéssemos nos desviado um pouco em qualquer direção teríamos nos perdido e não seríamos salvos.

Fomos levados a um pequeno hospital, mas os médicos nos informaram que não tinham como tratar ferimentos tão graves. Queriam nos levar de avião até a Unidade de Tratamento de Queimados em Salt Lake City. Reagi imediatamente, gritando como uma histérica. Ninguém me faria entrar em um avião naquele momento.

Fomos levados então de ambulância. No caminho comecei a ter dificuldade de respiração. Meu pescoço estava muito inchado até a altura dos ombros. A dor das queimaduras estava se tornando cada vez maior e eu já não podia suportar. Respirar também doía demais. Comecei a ficar sufocada e tentava, a todo custo, inspirar. A enfermeira se inclinou e disse em meu ouvido:

– Desista de lutar. Deixe que fazemos o esforço por você. – E, dizendo isso, começou a inserir um tubo de respiração em minha garganta. Desesperada, não entendi o que ela quis dizer com "desista de lutar" e me entreguei à morte. Em espírito passei do nível físico para o espiritual.

De repente, a dor passou. Segui por um longo corredor até o outro lado. Minha avó, que havia falecido um ano antes, estava me esperando, me recebeu com carinho e me explicou sobre Deus e Sua vontade de que vivamos na luz de Seu amor. Falou sobre a importância de sermos mães e do valor de tudo o que fazemos por nossos filhos. Percebi então que os sacrifícios que tinha feito pelos meus não tinham sido em vão. Nunca me considerei uma boa mãe, mas naquele momento percebi que tinha ajudado a meus filhos mais do que imaginava.

Vovó fez um movimento com a mão e o chão se abriu à nossa frente. Olhei e vi uma mulher com queimaduras severas em uma cama de hospital cercada de médicos e enfermeiros. Seu rosto estava envolto em faixas de gaze.

– *Você jamais será como antes, RaNelle* – disse vovó. – *Seu rosto ficará deformado e você sentirá muita dor em todo o corpo. Quando voltar, levará anos até se recuperar.*

As palavras "quando voltar" me atingiram como um soco. Eu não queria voltar. Mas vovó me explicou que meus filhos precisavam de mim e que eu ainda tinha muitas coisas a fazer nesta vida.

– *Não, não vou voltar para o corpo* – insisti.

Ela abriu os braços e disse:

– *Veja!*

Uma grande fenda se abriu no espaço à nossa frente e um rapaz veio andando em nossa direção. No primeiro instante, parecia não entender por que estava ali. Depois me reconheceu e ficou surpreso.

– *Por que você está aqui?* – perguntou. Mas sua surpresa logo se transformou em tristeza e ele começou a chorar.

– *O que aconteceu? Por que está chorando?* – perguntei. Fui até ele e o abracei, tentando fazê-lo parar.

– *Por que você está aqui?* – ele repetiu.

De repente, compreendi. Era minha recusa em voltar para a Terra que o tinha deixado tão triste. Eu tinha de voltar para *ser sua mãe*. Percebi quanto estava sendo egoísta.

O nome dele era Nathaniel. Ainda não tinha nascido na Terra. Explicou que, se eu não voltasse, *ele* não teria como cumprir sua missão. E me mostrou qual seria. Dependeria de eu abrir portas, ajudar e dar forças a ele.

Compreendi que se não retornasse ao meu corpo iria causar problemas a ele e a todos a quem ele teria de ajudar em sua missão.

– *Ah, Nathaniel. Juro que vou ajudá-lo. Vou voltar e fazer minha parte, abrir todas as portas, protegê-lo e incentivá-lo em todos os momentos. Eu lhe darei tudo o que tenho, e você vai cumprir sua missão. Eu amo você.*

A tristeza desapareceu de seu rosto. Ele sorriu e vi que se tratava de um grande espírito. Começou a chorar novamente, mas desta vez com gratidão e alegria.

– *Obrigado. Também amo você, mãe.*

Fiquei emocionada, mas nem tive tempo de responder porque as coisas começaram a acontecer muito rápido. Eu estava indo para outro lugar.

– *RaNelle, não preciso lhe dizer mais nada. Diga a todos que o segredo é o amor* – disse vovó.

– *O segredo é o amor.*

– *O segredo é o amor* – ela repetiu.

E, dizendo isto, soltou minha mão. A palavra "amor" ficou repercutindo em minha mente enquanto me afastava e tudo ficava escuro novamente. Chorei por ter de deixar aquele mundo maravilhoso de luz e glória.

A última coisa que vi do outro lado foi a mão de minha avó estendida em minha direção.

O amor que recebi naqueles instantes me ajudou a suportar os dias e meses de sofrimento que se seguiram. A dor que sentia em minha pele aos poucos foi passando para meus órgãos internos. O estresse das queimaduras afetou todo o meu organismo. Meu médico recomendou uma histerectomia* e disse que teria de ser logo. Caso demorássemos, meu quadro poderia

* Remoção do útero. (N.T.)

piorar. Eu queria a opinião de mais dois especialistas, mas percebi que a única que sabia a resposta era eu mesma. Tinha visto Nathaniel, e ele precisava vir à Terra.

Modifiquei minha alimentação e meu estilo de vida. Depois de um mês e meio um milagre aconteceu. Informei a meu ginecologista que precisava de um exame de gravidez.

– Você já ouviu falar em 'gravidez histérica'? Vamos esperar um ou dois meses e ver se os sintomas dessa 'gravidez' persistem – foi a resposta dele.

Oito meses depois entrei em trabalho de parto e dei à luz *uma linda menina*! Não era o que eu imaginava. Claro, me apaixonei por minha filha, mas e quanto a Nathaniel?

Conforme os anos se passavam, a questão do divórcio veio novamente à tona. No "outro lado", as escolhas são muito claras e óbvias, mas neste mundo parecem sempre difíceis e indefinidas. Será que eu realmente chegaria a ter Nathaniel como filho?

Ele viria ao mundo em um casamento tão tumultuado? Acabei engravidando de novo, mas essas questões ainda me atormentavam. Não podia aceitar que ele viesse ao mundo numa situação assim. Precisava de uma família estável e forte para poder cumprir sua missão.

Apesar de toda a minha preocupação, minha gravidez chegou ao fim quando começaram as contrações. O rádio da sala onde eu estava começou a tocar *Somewhere in time* [Em algum lugar no tempo] e senti que alguém à minha direita me observava. Olhei para o lado e vi um homem alto, de cabelos negros e olhos azuis. Estava usando um terno branco. Seu olhos mostravam tristeza. Já tinha visto aquele olhar antes. Mas agora a tristeza era por todo o sofrimento que eu estava enfrentando por ele.

– *Obrigado, mãe* – foram suas palavras. Senti uma onda de amor invadir meu espírito. Olhei para ele com os olhos marejados e disse:

– Eu é que agradeço. – Ele desapareceu, então, e meu coração se encheu de alegria.

Fiz um esforço mais uma vez e ouvi um choro. Annie, uma das enfermeiras, disse:

– Você tem um lindo filho, RaNelle. Já tem um nome para ele?

Terry se aproximou e olhou para ele. Annie deixou que ele cortasse o cordão umbilical.

– É Nathaniel, não é? – ele perguntou.

Fiz que sim com um gesto de cabeça, chorando.

"Obrigada, Nathaniel. Obrigada por unir nossa família. Obrigada por me dar forças e coragem para seguir em frente e para entender minha missão e meu papel de mãe. Agora é a sua vez..."

EXTRAÍDO DE *BURNING WITHIN* [A CHAMA INTERNA],
DE RANELLE WALLACE E CURTIS TAYLOR, GOLD LEAF PRESS, 1995 (5)

Comentários da autora: Nosso espírito eterno

ADORO FILMES antigos. Um de meus favoritos é *The blue bird* [O pássaro azul], baseado na peça de Maeterlinck, belga, dramaturgo e ganhador do Prêmio Nobel. Uma das cenas mais bonitas mostra crianças deixando o reino dos Céus e vindo para a Terra. Elas sabem que a vida aqui é uma grande oportunidade para crescer e se desenvolver como filhos de Deus e que precisam de um corpo mortal para abrigar seu espírito. Despedem-se com lágrimas de seus amigos na espiritualidade, pois sabem que as lembranças de sua vida antes do nascimento serão apagadas pelo véu do esquecimento. Algumas terão um longo período de vida; outras, apenas alguns instantes, mas a missão delas é muito clara. Preparam-se então para vir.

À medida que se aproximam de nosso planeta, começam a gritar:

– *A Terra! A Terra! Olhem como é bonita! Como é brilhante!*

E captam, em forma de música, a ansiedade e a expectativa que vêm da Terra com relação a elas.

Maeterlinck explica:

– É a canção das mães que chega até elas.

Embora a visão de Maeterlinck com relação à origem do homem seja de natureza filosófica, há bastante evidência nessa história que embasa sua teoria. No Novo Testamento, Cristo menciona com freqüência nossa existência pré-mortal. Por exemplo, Ele orava ao Pai: "E agora glorifica-me Tu, ó Pai, junto de Ti mesmo, com aquela glória que tinha Contigo antes que o mundo existisse". Jesus também se referia a esse tipo de crença ao declarar "meu reino não é deste mundo", já que tinha vindo de outro, "antes que o mundo existisse" (João, 17: 66, 18: 36).

A crença na pré-existência também é a premissa na qual os discípulos baseiam sua questão sobre o homem cego:

– Rabi, quem pecou, este homem ou seus pais, para que nascesse cego?

Na verdade, o conceito de pré-existência era tão realista que os judeus contemporâneos descreviam as câmaras (hebreus *gut, aeroboth*) que as almas habitavam aguardando sua hora de vir ao mundo e receber seu corpo. O Gênese (*Rabbah*) menciona até que Deus se aconselhou com esses espíritos antes de criar o mundo. O Velho Testamento confirma esse conceito quando Deus, descrevendo um glorioso dia pré-mortal, pergunta a Jó: "Onde estavas tu, quando eu fundava a Terra... e todos os filhos de Deus se jubilavam?" (Jó, 38: 4,7)

O Cristianismo antigo também pregava que as "câmaras de almas" encaminhavam os espíritos "a eles confiados desde o início" assim como o ventre anseia por "completar seu trabalho doloroso" (4 Ezra, 4: 33-43; ver Rev., 6:9-11). Essas referências também indicam que um número de almas existe (ver Deut., 32: 8; Atos, 17: 26) e que a vinda do Messias será adiada até que todos tenham a chance de vir à Terra (4 Ezra, 4: 35-36; 2 Baruc, 23: 3-5; 2 Henoc, 23: 4-5; 49:2; Pistis Sophia, 22).

Para os profetas e também para as mães e os pais, em todas as menções da *Bíblia*, a vinda das crianças ainda não-nascidas era prevista. O anjo Gabriel revelou a Zacarias que sua esposa, Elizabete, teria um filho mesmo em idade avançada (Lucas, 1: 13-19). Quando Elizabete estava grávida de seis meses de João Batista, o anjo Gabriel apareceu para a Virgem Maria para lhe dizer que ela também traria ao mundo um menino, o filho do Senhor, e que ele deveria se chamar Jesus (Lucas, 1: 30-32).

Mais de 800 referências à existência pré-terrena dos seres humanos foram identificadas desde o tempo de Cristo até o século 6º. Escritos do período helenístico (grego) também se referem à crença de uma existência anterior à terrena. No entanto, depois do século 6º, a menção virtualmente desaparece das escrituras ortodoxas de judeus, cristãos e gregos (Hamerton-Kelley, R. G., "*Pre-existence, wisdom and the Son of Man in the New Testament*", Preexistência, sabedoria e o Filho do Homem no Novo Testamento, Cambridge University Press, 1973).

A existência pré-mortal foi discutida por filósofos conhecidos, como Platão, e por escritores cristãos, como Orígenes de Alexandria e Justino Mártir. As referências mais antigas como as do historiador judeu Flávio Josefo e as do teólogo judeu Filo (que afirmava que todos os seus escritos estavam de acordo com o Pentateuco*) evidenciam a crença em uma existência pré-mortal no Judaísmo até o século 5° d.C., destacando que a alma anseia por retornar a esta existência após a vida terrena ("Teologia Judaica", 212-228).

A doutrina de uma existência pré-mortal foi condenada e eliminada pelo conselho de Constantinopla no ano 553 d.C. No entanto, a Enciclopédia Hastings de Religião e Ética mostra que a doutrina de uma preexistência foi defendida por Orígenes (o maior de todos os teólogos da Igreja antiga), Justino Mártir, Augustino, Cirilo de Jerusalém, Pierius, João de Jerusalém, Rufínio, Nemésio e pela Igreja ocidental até a época de Gregório, o Grande. Mais recentemente, doutor Wayne Dyer utiliza como referência a pesquisa de Aldous Huxley e afirma:

> "Aldous Huxley, em *A filosofia perene*, estudou todas as eras e civilizações e descobriu três fatores em comum que fizeram parte de cada uma, apesar de não ter havido contato direto entre elas (tribos primitivas, budistas, filosofia oriental, o homem das cavernas etc.):
> Há um mundo infinito além do mundo da transformação, algum tipo de existência anterior à deste mundo físico em que nos encontramos e do qual somos conscientes.

* Ou Torá, os cinco primeiros livros do Antigo Testamento (Gênese, Êxodo, Levítico, Números e Deuteronômio). (N.T.)

> Todas as civilizações acreditavam que o mundo infinito é parte de cada personalidade humana... de cada ser humano.
> Todos sempre acreditaram e faz parte de toda cultura crer que o propósito da vida e de estarmos aqui é descobrir Deus ou o mundo invisível a que chamamos Deus."

A vida antes da vida já era discutida nas lendas da África, nas tradições dos índios norte-americanos e nos mitos de diversas culturas. Um trecho do livro *Negras raízes*, de Alex Haley, é um bom exemplo:

> "Ele dizia que três grupos de pessoas moravam em cada vila. O primeiro era daquelas que andam pelas ruas, comem, dormem e trabalham. O segundo era o dos ancestrais, ao qual vovó Yaisa havia se juntado.
> – E o terceiro, qual é? – perguntou Kunta.
> – O terceiro – disse Omoro – é o das que estão esperando para nascer."

FONTE: ALEX HALEY, *NEGRAS RAÍZES*.
NEW YORK: DOUBLEDAY, 1976, P. 29.

Textos antigos como os "Manuscritos do Mar Morto" e os de Nag Hammadi também mencionam claramente a vida antes da vida. Os "Manuscritos do Mar Morto" foram descobertos em Qumran, atual estado de Israel, em 1947. E os textos de Nag

Hammadi no Alto Egito em 1946. O Livro de Tomás, que faz parte desses textos, é reconhecido por vários estudiosos do Cristianismo como uma coletânea das palavras de Jesus. Muitos acreditam que foram sendo registrados enquanto Cristo ensinava as pessoas, inclusive durante os 40 dias após a ressurreição.

Esses textos só foram traduzidos e colocados à disposição do público há pouco tempo e estão repletos de citações e comentários sobre a origem do homem.

Segundo O Livro de Tomás, o conhecimento secreto de nossa verdadeira natureza é que garante a imortalidade. Jesus disse nesses textos antigos: "Se lhe perguntarem de onde se originaram, dizei que todos viemos da luz e de onde a própria luz se originou. E se lhe perguntarem quem sois, dizei que sois Seus filhos e que somos todos os eleitos do Pai" (Logion, 50).

Vários poetas já recitaram os versos da imortalidade e acreditavam com tal fervor em uma vida antes da vida que nos deixaram grandes versos para meditação. Um bom exemplo é a "Ode às intimações de imortalidade" (pp.16-7), de William Wordsworth.

Hoje vivemos em um mundo cada vez mais aberto a idéias espirituais. Nos últimos 20 anos, os estudos científicos e a aceitação das experiências de quase-morte (EQM), antes consideradas mero devaneio místico, fizeram que se tornassem fenômenos científicos. Isso se deve, em grande parte, aos trabalhos da doutora Elisabeth Kübler-Ross nos anos 70 e à publicação do *best-seller* do doutor Raymond Moody, *A vida depois da vida*, em 1975.

As pesquisas sobre quase-morte levaram à descoberta de outras experiências transcendentais ou espirituais de caráter transformador de elementos similares aos da EQM, mas que não requerem a proximidade da morte para ocorrer. Em 1984, o doutor Kenneth Ring informou haver mais de uma centena de casos registrados de experiências de caráter transformador não diretamente relacionadas a EQMs nos arquivos da *International Association for Near-Death Studies* – Iands (Associação Internacional de Estudos de Quase-Morte).

We lived in heaven [Já vivemos no paraíso] é outro exemplo de literatura que ajuda a expandir nosso conceito de existência. Enquanto as EQMs exploram o lugar para onde vamos depois da vida, esse livro explora o fenômeno da experiência pré-nascimento (EPN) e o lugar de onde viemos antes dela.

Além da EQM e da EPN, outras experiências transcendentais parecem não apenas estar aumentando em volume, mas também em divulgação. É como se a humanidade estivesse passando por uma renascença espiritual para contrabalançar o aumento do caos e do desespero no mundo de hoje.

Alguns cientistas mostram preocupação com a revolução que dominou o mundo exigindo objetividade, confiabilidade e validade em todo tipo de informação. Essa necessidade de veracidade contribuiu especialmente para o desenvolvimento da humanidade com relação à erradicação de doenças fatais e à ida do homem à Lua, por exemplo. No entanto, métodos científicos tão rigorosos acabaram por limitar, de certa maneira, a busca da verdade ao negar determinados aspectos da experiência que não podem ser observados ou mensurados. Como afirmou o doutor Melvin Morse, a alma humana jamais será descoberta em laboratórios científicos.

As experiências de pré-nascimento e de quase-morte oferecem uma perspectiva única do real valor, do propósito e da responsabilidade de nossa vida. Relatos de experiências de quase-morte quase sempre envolvem a sensação de "retorno ao lar" quando o espírito vai, temporariamente, para o outro lado. Bem, não se pode "retornar" a algum lugar em que nunca se esteve. Mas que lugar é esse ao qual retornamos?

As EPNs oferecem evidência de que "viemos" do mesmo lugar ao qual "retornamos." É o lugar normalmente chamado lar celestial, lar eterno ou a fonte de nossa origem, ou seja, viemos da luz e à luz retornamos.

Cada um de nós vem de uma vida pré-mortal com uma missão específica. Você está aqui e agora por uma razão. Esta é a sua parte na história da Terra, o momento em que recebeu um corpo mortal para atingir um objetivo, uma incumbência de Deus. E pode fazer muito. O simples fato de servir às pessoas já é um grande trabalho, seja em sua casa, em seu trabalho, em sua vizinhança ou em seu mundo. Seja sua influência grande ou pequena na Terra, o objetivo real é ser positivo e afetuoso. Quando aprendemos e cumprimos nossa missão, o resultado é uma sensação de paz e alegria. O simples fato de sabermos que não estamos aqui por acidente e que somos seres eternos nos dá grande poder! Quem descobre que é um espírito eterno, que viveu em um reino paradisíaco antes de sua existência mortal e ao qual irá retornar ao morrer descobre a essência de sua natureza divina. Em seu livro *As sete leis espirituais do sucesso*, Deepak Chopra afirma: "Devemos descobrir por nós mesmos que temos em nosso interior o embrião de um deus ou deusa que deseja nascer para poder expressar nossa divindade".

Ouça a voz de seu espírito. Antes de nascer, você era uma criança nobre no reino dos Céus. Cada alma tem dentro de si um aspecto de nobreza, muitas vezes perdido e confuso diante de toda a ilusão deste mundo, mas sempre com um propósito específico: superar seus limites, cumprir sua missão e retornar ao seu verdadeiro lar com honras e glória.

Uma de minhas autoras prediletas, Marianne Williamson, descreve isso muito bem: "Nosso maior medo não é não sermos bons o suficiente. Nosso maior medo não é sermos incapazes. Nosso maior medo é descobrir que somos muito mais poderosos do que imaginamos. É a nossa luz, e não nossa escuridão, que mais nos assusta. Vivemos nos perguntando: quem sou eu para ser brilhante, belo, talentoso ou fabuloso? Na verdade, quem somos nós para não ser? (...) Você é um filho de Deus. (...) Bancar o inferior não vai ajudar o mundo".

Espero que este livro o ajude a descobrir sua origem divina. Você é um filho de Deus e está neste mundo por vontade Dele. Não importa se a tarefa a cumprir é difícil. O amparo do Pai está apenas a uma prece de distância.

Sarah Hinze
Mesa, Arizona
30 de maio de 2006

Conclusão: Comparação entre EQM e EPN (Experiências de Quase-Morte e de Pré-Nascimento)

DE BRENT HINZE, PH.D.
(PARA SARAH, POR NOSSO 25º ANIVERSÁRIO DE CASAMENTO)

Vida antes da vida e vida após a vida

Uma noite, há muitos anos, após a maratona diária de colocar as crianças para dormir, Sarah e eu descobrimos que ainda havia energia para trocar idéias a respeito do livro sobre a vida *antes* da vida que ela estava escrevendo. Enquanto conversávamos, naquele momento raro de privacidade, tivemos uma "idéia luminosa". Vislumbramos uma dimensão além daquela descrita pelo doutor Raymond Moody em seu *best-seller Life after life* [*A vida depois da vida**], de 1975, que menciona um fenômeno até pouco tempo antes quase não pesquisado: as experiências de quase-morte (EQM). Graças ao doutor Moody e a outros autores e pesquisadores, o termo passou a ser conhecido no mundo todo. George Gallup Jr. estima que mais de oito milhões

* Traduzido para o português pela Butterfly Editora em 2005. (N.E.)

de pessoas têm EQMs na América do Norte (aproximadamente uma em cada 30).

Naquela noite, Sarah e eu colocamos no papel a teoria e as evidências de que existe vida antes da vida, exatamente como após a morte. Classificamos os estágios da vida humana da seguinte maneira:

Os estágios da vida

Vida antes da vida – vida na Terra – vida após a vida

As evidências que apresentamos vêm de experiências similares às EQMs. Nelas o espírito se afasta temporariamente do corpo físico e vai para uma dimensão diferente da que vivemos na Terra. Já em uma experiência de pré-nascimento ou de vida-antes-da-vida (EPN), o indivíduo ainda não nascido no mundo físico vem se comunicar com alguém daqui. Nossas pesquisas indicam que existe uma continuidade do ser e que ele progride através dos três estágios da vida.

Sarah e várias pessoas que conhecemos viram, ouviram ou tiveram contato com seus filhos ainda não concebidos por meio de "sonhos" ou encontros espirituais. E também há relatos de muitas que têm experiências de *déjà vu* ou que se lembram, literalmente, de sua vida antes de nascer. EPNs ocorrem com muitas pessoas, assim como EQMs. Sarah iniciou suas pesquisas com base na crença de que cada indivíduo é único, especial e inicia sua jornada eterna muito antes da vida na Terra. Ou seja, antes de nascer, você habitava em espírito uma dimensão celestial.

Pesquisas sobre a Experiência de Pré-Nascimento (EPN)

Meu pai é veterinário, e meu tio é adestrador de cães. Cresci tendo muitos animais ao meu redor e vendo belos cães muito bem treinados desempenhando diversas tarefas. Eles correm, pulam obstáculos, nadam e fazem de tudo para atingir seu objetivo. Nesse sentido, elogio minha esposa dizendo que ela foi bem "treinada". Foi incrível ver como aquela esmerada dona de casa de repente se transformou em uma grande pesquisadora.

Há 15 anos, desde que iniciou seus estudos sobre o assunto, Sarah vem estabelecendo contato com pesquisadores de fenômenos espirituais do mundo todo. Já leu todos os livros sobre EQMs e experiências similares, escreveu a jornais pedindo informações sobre casos relatados, deu entrevistas em programas de TV e rádio, publicou artigos e deu palestras sobre experiências de pré-nascimento e evidências de vida antes da vida. Hoje é membro da *Association for Near-Death Studies* – Iands [Associação de Estudos de Experiências de Quase-Morte] e tem um "faro" todo especial para encontrar pessoas que tenham tido experiências desse tipo. Ou seja, seu treinamento é invejável.

(Quanto a mim, ajudo um pouco digitando e editando seus manuscritos e anotações, e trabalhando horas extras para pagar a conta de telefone!)

Pesquisas sobre EPN estão 20 anos atrasadas em relação às pesquisas sobre EQM

O doutor Moody tinha um registro de aproximadamente 150 casos de EQM quando publicou seu livro em 1975. (Hoje estima ter mais de dez mil). Em 1995, Sarah tinha cerca de 100 casos de EPN em seus arquivos. Hoje temos centenas deles. Essa comparação sugere que as pesquisas sobre experiências de pré-nascimento estão hoje no mesmo ponto em que as de experiências de quase-morte estavam 20 anos atrás. Utilizando, porém, como referência as pesquisas de EQM, acreditamos que as de EPN venham a se desenvolver com mais velocidade.

Uma análise das características da EPN

Com o passar do tempo, acabei me envolvendo cada vez mais com as pesquisas de Sarah. Certa vez, passei um fim de semana inteiro "trancado" em meu escritório analisando 33 casos de EPN que ela havia selecionado para publicação. A experiência valeu a pena. Meu conhecimento sobre o assunto se ampliou consideravelmente.

O resultado (30 dos 33 casos, ou seja 91%) é este livro. Sarah me pediu para compartilhar minhas descobertas neste epílogo como um presente em nosso 25º aniversário de casamento. Os casos ilustram os vários tipos de experiência de pré-nascimento. Mas como mais de um tipo de EPN pode ocorrer com uma pessoa ou com uma família, os 33 casos apresentados mostram 57 tipos que se enquadram nas categorias descritas a seguir.

Quando ocorrem as EPNs

Antes da concepção. Em 53% dos casos estudados, o contato com o espírito ocorreu antes da concepção.

Após a concepção e antes do nascimento. Em 47% dos casos o espírito estabeleceu contato após a concepção e antes do nascimento.

Com quem ocorrem as EPNs

Mães. Em 63% das EPNs os filhos apareceram para suas futuras mães.

Pais. Em 13% apareceram para seus futuros pais.

Pais e mães. Por conseguinte, em 76% ou ¾ das EPNs, os pais, naturais ou adotivos, viram seus filhos ainda não nascidos.

Outros. Em 24% ou cerca de ¼ das EPNs, o futuro filho foi visto por parentes, avós, amigos, parteiras ou teve lembranças de sua vida pré-uterina.

Onde ocorrem as EPNs

Quarenta e quatro de 57 espíritos de criança que ainda não tinham nascido foram vistos na América do Norte, principal área de nossa pesquisa até o momento. Alguns dos casos também ocorreram na Austrália, na Inglaterra, no Canadá e nas nações índias navajo e blackfoot. (Uma EPN ocorreu em um avião durante um vôo sobre a Índia, que eu não soube exatamente como classificar. Talvez a Air India deva ficar com os créditos.)

Hipótese

Segundo pesquisas iniciais realizadas, nossa hipótese é que as EPNs sejam um fenômeno universal que ocorre em todas as raças e culturas.

Tipos de EPN

Visões. Vinte e nove dos casos de EPNs analisados ocorreram quando o receptor estava desperto e totalmente consciente.

Sonhos. Dezesseis casos ocorreram durante sonhos (algumas culturas denominam tais experiências "avisos").

Audição. Em 20 dos casos o receptor ouviu a voz do espírito que estava para nascer ou a de alguém anunciando seu futuro nascimento.

Telepatia. Em 13 dos casos houve comunicação direta com o receptor (telepática ou espiritual, semelhante aos casos de EQM).

Acompanhamento. Em 29 dos casos um espírito acompanhou aquele que estava vindo para nascer na Terra.

Adoção. Três EPNs anunciaram que a criança nasceria de mãe natural mas seria adotada pelos receptores.

Idiomas de vidas passadas. Dois indivíduos se lembravam de falar outra língua antes de nascer na Terra.

A luz. Dez indivíduos afirmaram ter visto uma luz brilhante durante a EPN, semelhante à descrita em casos de EQMs.

Comparação entre EPN e EQM "típicas"

Pesquisadores identificaram características que ocorrem em casos "típicos" de EQM, como: a sensação de o espírito deixar o corpo, passar por um túnel, sensação de amor e de paz, de ver muita luz e/ou seres de luz etc. Estudos mostram até 15 tipos semelhantes de ocorrências em EQMs. Nem todas envolvem as mesmas características, mas uma combinação delas normalmente indica que o indivíduo passou por uma EQM.

Da mesma maneira, algumas características indicam uma "típica" ocorrência de EPN.

Dez características de uma experiência "típica" de pré-nascimento:

Irradiação de amor. O espírito ainda não nascido emite uma onda de forte e puro amor em direção ao receptor, algo semelhante ao que ocorre nas EQMs.

Luz celestial. O espírito pode aparecer ou irradiar uma luz brilhante que não fere os olhos e transmite uma paz extraordinária, como ocorre nas EQMs

Gratidão e desejo de vir à Terra. O espírito se mostra ansioso para nascer na Terra, vê a experiência como uma oportunidade de crescimento e agradece aos pais pela oportunidade. Pode demonstrar também medo do desconhecido na fase de transição para a vinda ao planeta e relutância em deixar o lar celeste.

Hora de vir à Terra. O espírito normalmente indica haver chegado o momento de nascer no planeta, como se obedecesse a um plano divino, para passar pelas experiências de crescimento e aprendizado.

Uma missão específica. A mensagem normalmente é de que cada indivíduo tem um propósito ou uma missão específica durante sua vida na Terra.

Proteção/aviso. Algumas aparições de indivíduos ainda não nascidos ocorrem para oferecer proteção ou advertir o receptor. (Nos casos estudados, a EPN ajudou o receptor a evitar ou a se recuperar de tentativas de suicídio, agressões, estupro e conselhos quanto a métodos contraceptivos que podiam impedir que o indivíduo viesse a nascer.)

Mensagens. Em algumas EPNs são transmitidas mensagens sobre algo que o receptor, seus futuros pais ou alguém envolvido deve fazer para ajudar o espírito que irá nascer.

Acompanhamento à Terra. Alguns espíritos são acompanhados à Terra (em EQMs, muitas pessoas são acompanhadas quando atravessam para o outro lado.)

Déjà vu. Algumas EPNs são lembranças de lugares ou situações da vida anterior ao nascimento.

Evidências adicionais de vida antes da vida

Além dos casos apresentados neste livro, nossa pesquisa identificou mais referências quanto ao conceito de existência de vida antes da vida. Essas referências têm origem em diversas fontes da literatura, poesia, filosofia, religião, nos "Manuscritos do Mar Morto", nos textos de Nag Hammadi, nas *Escrituras* e em diversos documentos históricos, folclore e lendas que passam de geração em geração. Concluímos que a crença em vida antes da vida é comum a diversas raças e culturas. Algumas dessas informações e citações foram mencionadas ao longo do livro. E outra, que julgamos pertinente, é:

> Acontecerá depois que eu derramar o meu Espírito sobre toda a carne; vossos filhos e vossas filhas profetizarão, os vossos anciãos terão sonhos, os vossos jovens terão visões;

E também sobre os servos e sobre as servas naqueles
dias derramarei o meu Espírito.
E mostrarei prodígios no Céu e na Terra.

JOEL, 2: 28-30

Será que estamos passando por uma expansão espiritual?

Por que será que estamos recebendo tanta informação espiritual nestas últimas décadas? Hoje a mídia divulga centenas de livros, artigos, seminários, filmes, programas de televisão e todo tipo de informação sobre experiências de quase-morte, anjos, milagres etc. Tais informações mostram que relatos de experiências espirituais têm crescido em número e em divulgação. Esses dados colocam em jogo a teoria de que os seres humanos existem apenas durante sua vida na Terra. Até alguns anos atrás, qualquer informação espiritual era considerada sem base científica ou fruto de imaginação. E há alguns séculos pessoas eram queimadas na fogueira por expressar determinadas crenças. Por que essa mudança?

Acredito que as condições do mundo em que vivemos hoje geram a necessidade de maior entendimento quanto ao real propósito da vida.

Observamos que, apesar de tanta evolução da ciência, da medicina, da revolução industrial, da mídia e da explosão de informações a que temos acesso hoje, estamos vivenciando um significativo declínio das habilidades sociais, no âmbito da saúde mental e da segurança em diversas partes do mundo.

Um estudo recente mostra que enfrentamos hoje mais de 40 guerras ou conflitos armados em diversos países quase simultaneamente. Em Phoenix, onde vivemos, foram noticiados em 2006 diversos assassinatos por dia, como resultado de tiroteios, guerras entre gangues, estupros, seqüestros, bombardeios, assaltos etc. Esse tipo de trauma se espalha pelas Américas e por todo o mundo. E a tendência é que toda essa violência venha a aumentar. Isso realmente não parece ser a descrição de um mundo avançado ou iluminado. Apesar de todo o progresso no campo do conhecimento, as habilidades sociais e o relacionamento entre as pessoas parecem estar regredindo.

Uma evidência do interesse humano em uma existência mais evoluída é o artigo publicado pela revista *Newsweek* em 28 de novembro de 1994, "*The search for the sacret: America's quest for spiritual meaning*" [Em busca do sagrado: a América investiga o mundo espiritual]. O artigo menciona perguntas do tipo "por que estamos aqui?", "qual o propósito de nossa existência?" E todos os meses são lançados livros de ficção e não-ficção sobre a natureza espiritual do homem, sugerindo que há muito mais no universo do que a ciência pode explicar. Em toda parte surgem evidências de que *existe* realmente uma essência maior dentro de nós. E devemos nos voltar para dentro de nós em busca dessa essência antes que acabemos destruindo a nós mesmos e à Gaia (Mãe-Terra).

Em seu livro, *Rumo ao ponto ômega*, o doutor Kenneth Ring menciona suas pesquisas e mostra que o número de experiências espirituais vêm crescendo no mundo todo (incluindo

EQM, EPN, anjos, milagres etc.) e que muitas pessoas estão se voltando para a essência maior a que ele chama ponto ômega. Uma evidência desse fato é a profunda mudança de personalidade observada em muitas pessoas que passam por essas experiências e que as leva a uma existência mais feliz, completa e de maior devotamento ao próximo. É uma grande transformação.

Mas o doutor Ring afirma que não é necessário estar "à beira da morte" para crescer espiritualmente. Podemos aprender com as experiências das pessoas que passam por esse tipo de experiência. O simples fato de ouvir falar, ver, ou ler sobre as EQMs e outras experiências do tipo (incluímos aqui a EPN) também pode nos ajudar a nos tornarmos mais complacentes, prestativos e completos como seres humanos. Alguns indivíduos têm mais consciência de sua origem divina e propósito de vida, assim como o das pessoas ao seu redor. Sua auto-estima é mais desenvolvida e o respeito pelo ser humano é parte de sua vida. Esses são os segredos de uma existência mais evoluída.

Pense no poder transformador dessas experiências. Se você tivesse a oportunidade de falar com seus filhos antes de eles nascerem e de perceber que eles são seres eternos, vindos da luz com uma missão para cumprir neste planeta, isso não aumentaria seu amor por eles e por todas as crianças? O fato de conhecer sua própria origem divina e seu propósito de vida não aumentaria sua auto-estima? O respeito pela vida não aumenta automaticamente quando descobrimos por meio de

EQMs e EPNs que somos seres eternos? É difícil imaginar tragédias como violência, estupros e assassinatos se as partes entendem que existimos muito além das fronteiras do tempo, que já nos encontramos e que podemos vir a nos encontrar muitas vezes ainda em outras vidas... e até na presença da luz!

O que quero dizer é que nem todos temos a oportunidade de ver o "outro lado", mas podemos aprender com as experiências de quem tem. Podemos utilizar esse conhecimento espiritual sobre a natureza sagrada e eterna da vida para ampliar nossos valores e elevar a nós mesmos, nossas famílias e o mundo todo a um nível mais alto. Conhecer a natureza da alma desenvolve o amor por nós mesmos e pelos outros.

Sim, parece mesmo que estamos em meio a uma expansão espiritual.

Eu gostaria de terminar falando de uma experiência que tive. Depois de uma palestra sobre vida antes da vida em Nova York, voltamos para o hotel e Sarah comentou comigo:

– Uma senhora veio falar comigo depois da primeira parte de sua palestra e disse que participou de um seminário em que a doutora Elisabeth Kübler-Ross contou sobre um casal com uma filha pequena que teve um bebê. A menina insistia em ficar sozinha com o novo irmão. Sabendo da possível rivalidade, os pais ficaram receosos em ceder. Mas a menina insistiu durante dias seguidos. Finalmente, eles consentiram, mas deixaram o intercomunicador do berçário ligado para acompanhar a conversa. A menina foi até o berço do bebê e sussurrou:

– Conte-me sobre Deus. Eu já estou me esquecendo.

A doutora Kübler-Ross concluiu dizendo "esta é, meus amigos, a origem espiritual do homem: o lugar de onde viemos antes de nascer. Esta é nossa grande e nova área de pesquisas".

A mulher terminou de contar a história e me abraçou, dizendo:

– Sarah, acho que você está só começando...

Notas finais

1. Richard G. Ellsworth. "*Growing toward the Good*" [O caminho em direção ao bem]. *The New Era,* Salt Lake City, Utah, maio, 1986, pp. 8-10. Uso permitido.

2. Tracey Nelson, conforme relatado a Cassandra Eason, *A mother's instincts, the extraordinary intuitions of ordinary women* [Instinto materno: a extraordinária intuição feminina]. Collins Publishers London, Aquarian Press: Harper 1992, p. 69.

3. Betty Clark Ruff, *Instructor,* "*My toddler taught me about preexistence and death*" [Meu filho me ensinou sobre preexistência e morte], fevereiro, 1963, p. 61.

4. Joyce e Barry Vissell, *Risk To Be Healed* [Arrisque-se a ficar curado]. Ramira Publishing, California, 1989, pp. 13-57.

5. RaNelle Wallace com Curtis Taylor, *The burning within* [A chama interna]. Gold Leaf Press: Placerville, California, 1994.

Junte-se a nós na busca da grande criança interior

SE VOCÊ ou alguém conhecido seu tem experiências espirituais que gostaria de compartilhar, informações sobre palestras ou seminários sobre o assunto "A descoberta da grande criança interior", entre em contato conosco:

ROYAL CHILD STUDIES
SARAH AND BRENT HINZE
P.O. BOX 31086
MESA, AZ 85275-1086
480-898-3009

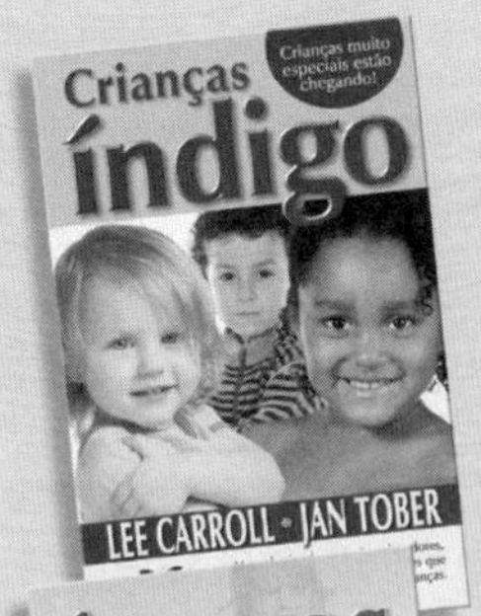

Lee Carroll & Jan Tober

CRIANÇAS ÍNDIGO

As crianças índigo estão nascendo por toda parte. Neste livro – *best-seller* nos Estados Unidos, traduzido para vários idiomas – pais, educadores e profissionais da área da saúde encontram tudo aquilo o que precisam saber para lidar com os índigos, a nova geração.

ÍNDIGOS

Por toda parte, crianças, jovens e adultos índigo estão provocando reações e mudanças. Neste livro – dos mesmos autores de *Crianças Índigo* –, repleto de relatos verídicos, desvende o espírito da nova geração.

Barbara Condron

APRENDA A EDUCAR A CRIANÇA ÍNDIGO

Barbara é mãe de Kiah, uma criança índigo. Este livro é o relato de seu esforço para entendê-lo e educá-lo. Essa busca foi inteiramente relatada por ela: valioso exemplo a ser seguido por pais e educadores!

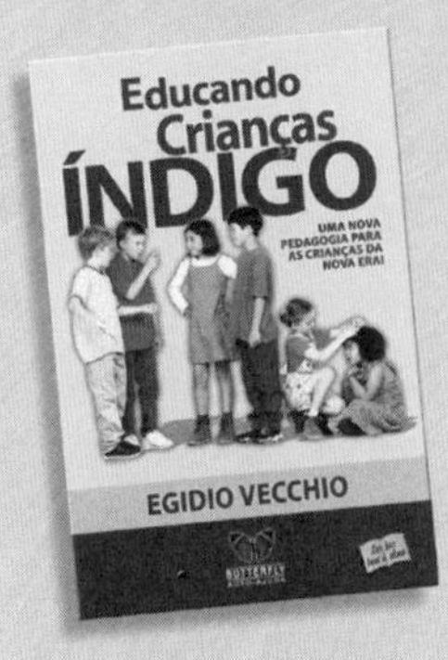

Egidio Vecchio

EDUCANDO CRIANÇAS ÍNDIGO

Quem são as crianças índigo? Como lidar com elas? Por que são tão questionadoras? Como educá-las? Este livro – além de responder a estas e a diversas outras perguntas – propõe uma educação voltada para os índigos, uma nova pedagogia de valores.

Ronald M. Shapiro e Mark A. Jankowski

BULLIES

Os *bullies* estão por toda parte! Ninguém está livre deles! São pessoas difíceis – enfrentá-las é desagradável. Não dão importância aos outros, nem medem esforços para satisfazer seus próprios interesses. Como lidar com eles? Aprenda, neste livro, como conviver com os *bullies* e evitar que o prejudiquem.

Mats Wahl

O INVISÍVEL

Um fenômeno inexplicável aconteceu com Hilmer Eriksson. De repente, ele ficou invisível! Na sala de aula, seus colegas não notam sua presença. O detetive Harald Fors está à sua procura: Hilmer foi considerado desaparecido! Aproveitando-se de sua invisibilidade, o jovem resolve desvendar o mistério...

Jennie Hernandez Hanks

O SEGREDO DO RELACIONAMENTO COM OS FILHOS

Seus filhos estão descontrolados ou rebeldes? Experimente o genial método de trocas de Jennie. Seguindo corretamente esse revolucionário sistema, seu filho vai mudar radicalmente para melhor! Sugestões exemplificadas, fáceis de entender e colocar em prática!

Yitta Halberstam & Judith Leventhal

MILAGRES
DE AMOR E AMIZADE

Sessenta e quatro histórias verídicas que nos revelam verdadeiros milagres, intervenções da providência divina no destino das pessoas. Quando tudo parece perdido, quando não se avistam soluções, eis que os milagres acontecem. Especialmente recomendado para presentear aqueles a quem amamos e desejamos reconfortar, é leitura que incentiva a alegria de viver.

Yitta Halberstam & Judith Leventhal

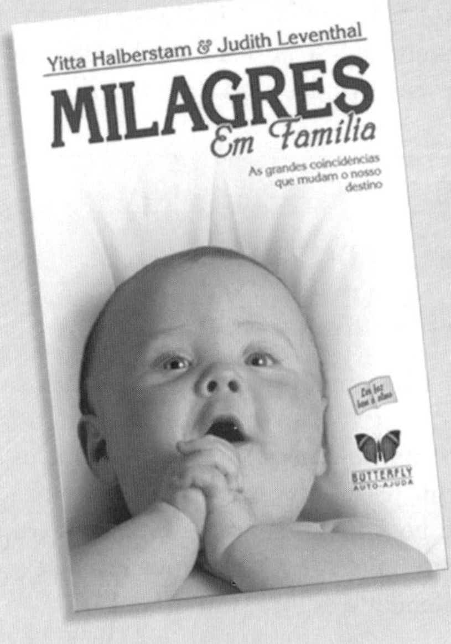

MILAGRES
EM FAMÍLIA

Milagre! Nas páginas deste livro emocionante, tudo leva a crer que o acaso não existe. São 56 histórias incríveis, que revelam coincidências incríveis. Quando tudo parece perdido, eis que um milagre altera o destino daqueles que não esperavam a visita da felicidade! Leia e descubra: há uma esperança para aqueles que aprenderam a viver a fraternidade do amor.

Bill & Judy Guggenheim

UM ALÔ DO CÉU

Será que existe vida após a morte? Voltaremos a nos reunir com aqueles que partiram? Os mortos podem comunicar-se conosco? Este livro reúne 353 relatos emocionantes de comunicações pós-morte (CPMs), manifestações daqueles que estão no Além, endereçadas a entes queridos a quem nunca deixaram de amar.

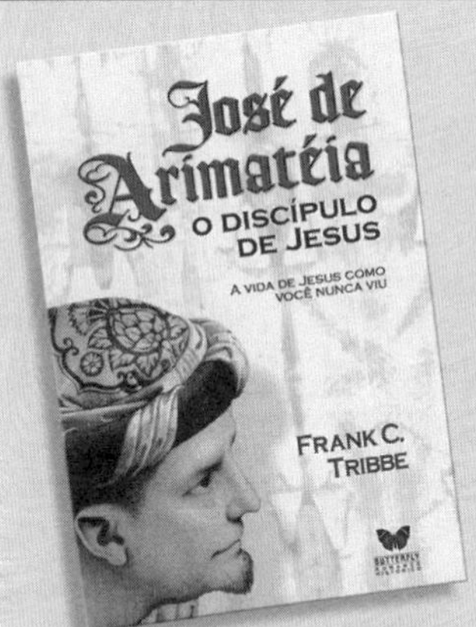

Frank C. Tribbe

JOSÉ DE ARIMATÉIA

Romance histórico revelador que reconstitui momentos decisivos da peregrinação de Jesus. Nele, o Mestre e seus discípulos apresentam-se como nunca foram vistos. Siga seus passos, ouça suas palavras. Conheça um pouco da sua mocidade. Acompanhe-o em sua sublime peregrinação.

Raymond A. Moody Jr.

A VIDA DEPOIS DA VIDA

Relatos verídicos de experiências de quase-morte de pessoas consideradas clinicamente mortas e que retornaram à vida levam os pesquisadores a acreditar na vida depois da morte. *Best-seller* que já vendeu mais de 13 milhões de exemplares no mundo inteiro.

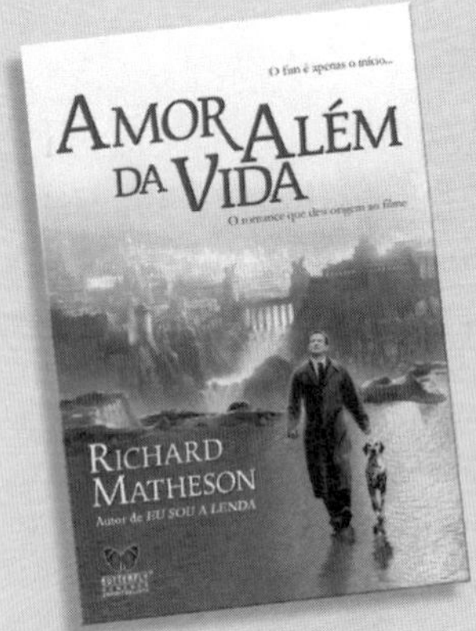

Richard Matheson

AMOR ALÉM DA VIDA

Se você amou o filme, vai adorar o livro! Este é o *best-seller* que deu origem ao sucesso do cinema que emocionou milhões de pessoas! Conheça a história completa de Annie e Chris e viva emoções ainda mais intensas! Descubra, entre dois mundos, a incrível força do amor para a qual não existem barreiras.

Roy Stemman

REENCARNAÇÃO

Toda a verdade sobre a reencarnação. Casos extraordinários revelam a realidade da reencarnação. Por que, quando e onde reencarnaremos? Reencontraremos nossos entes queridos? Mudaremos de sexo? Exemplos verídicos respondem a essas e a muitas outras perguntas...

Carla Wills-Brandon

UM ÚLTIMO ABRAÇO ANTES DE PARTIR

Depoimentos incríveis revelam a presença inegável de parentes e amigos – que já não fazem mais parte deste mundo – ao lado daqueles que se preparam para partir para o outro lado da vida. Pesquisas e relatos que comprovam a realidade das visões no leito de morte.

Jackline Pinto

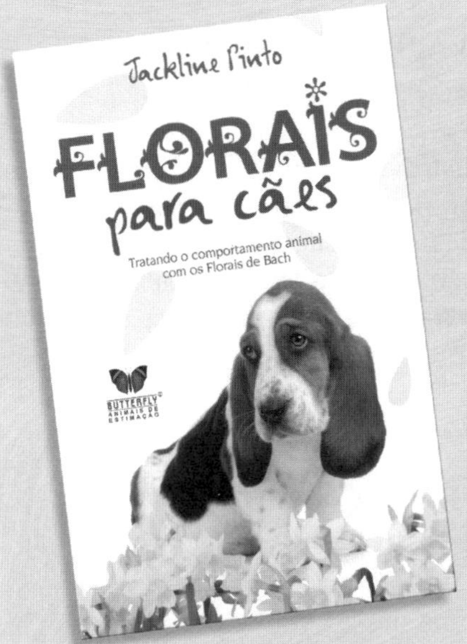

FLORAIS PARA CÃES

Alguma coisa está errada com seu cãozinho? Jackline Pinto, médica veterinária especializada na aplicação dos Florais de Bach – para os quais não existem contra-indicações e até podem ser preparados em casa –, ensina a utilizá-los de acordo com as reações do animal, seja qual for sua raça. Prático, é um manual de grande utilidade, repleto de informações úteis.

Marty Becker & Gina Spadafori

GATOS

Por que os olhos dos gatos brilham à noite? Como conseguem pular tão alto? Por que os gatos sempre caem de pé? Estas e dezenas de outras perguntas encontram resposta neste livro! Leitura agradável e divertida sobre esse animal tão misterioso, ajuda a lidar melhor com eles. Prefácio de Jim Davis, o genial criador de Garfield, o gatinho comedor de lasanha...

Catherine Lanigan

UMA AJUDA LÁ DE CIMA

Catherine Lanigan está mais do que certa de que os anjos existem. Neste livro, além das histórias incríveis que comprovam essa afirmação, a escritora descreve suas próprias experiências espirituais, com a intenção de que o leitor descubra como é possível receber a ajuda do Céu.

Catherine Lanigan

NA PROTEÇÃO DOS ANJOS

É possível viver melhor com a providencial ajuda dos anjos! A autora nos aproxima desses verdadeiros agentes da felicidade, ampliando nossa visão espiritual. É tempo de despertar para uma vida melhor: aprenda a contar com a proteção e a inspiração dos anjos!

Catherine Lanigan

QUANDO OS ANJOS NOS PROTEGEM

Depoimentos incríveis e diversos relatos que comprovam a intervenção dos anjos em nossa vida. Aprender a escutá-los, nos inspirando em suas sugestões, é abreviar o caminho que nos conduz na direção da felicidade! Lembre-se: para os anjos, tudo é possível...

Querendo conhecer outros livros da Butterfly Editora, basta acessar o site www.flyed.com.br ou solicitar um catálogo sem compromisso pela Caixa Postal 67545 – Ag. Almeida Lima – CEP 03102-970 – São Paulo – SP.